LES GUIDES
vélo mag

Guide officiel de l'itinéraire et des services • 4ᵉ édition

LA ROUTE VERTE
du Québec

NOTE

L'itinéraire de la Route verte emprunte différents types de voies cyclables, classés en deux catégories dans le présent guide : les pistes cyclables et les itinéraires sur route. La gestion et l'exploitation de ces différentes portions relèvent d'une variété d'organismes. D'un endroit à l'autre, les politiques et les règlements relatifs au stationnement, à l'usage des pistes ou à la tarification peuvent varier.

Les coordonnées de l'organisme responsable apparaissent dans chacune des pages d'information accompagnant les cartes de ce guide.

Vélo Québec
1251, rue Rachel Est, Montréal (Québec) H2J 2J9
Tél. : (514) 521-8356 • Téléc. : (514) 521-5711
Site Internet : www.routeverte.com

Information géographique : Gouvernement du Québec, tous droits réservés, 2005

Recherche et contenu : France Dumesnil, Marc Jolicoeur, Maryse Trudeau
Cartographie : Maryse Trudeau
Infographie : Josée Caron, José Charron, Suzanne Bouchard
Photo de la page couverture : Sébastien Larose
Imprimé au Québec par Litho Chic inc.

TABLE DES MATIÈRES

La Route verte passe par…

TABLE DES MATIÈRES (SUITE)

La Route verte passe par…

DÉCOUVRIR LES RÉGIONS DU QUÉBEC GRÂCE À
LA ROUTE VERTE

Qui aurait cru que nous pourrions un jour traverser le Québec d'un bout à l'autre sur une véloroute continue, sûre et balisée ? Eh bien, c'est réellement ce qui est en train de se passer avec le déploiement de la Route verte. Depuis 1995, kilomètre après kilomètre, la Route verte se construit grâce au travail et à la passion d'un nombre impressionnant de partenaires locaux et régionaux; grâce aussi à l'appui du ministère des Transports et de l'ensemble du gouvernement du Québec. Vélo Québec Association en coordonne la réalisation et met son expertise au service de tous ces bâtisseurs qui font progresser chaque jour cet itinéraire.

La Route verte emprunte des pistes régionales aux noms tous plus évocateurs les uns que les autres : P'tit Train du Nord, Petit Témis, Parcours des Anses, Véloroute des Bleuets, Estriade, Grandes Fourches, Parc linéaire des Bois-Francs, Corridor des Cheminots… Elle prend différents visages suivant les particularités du terrain. Elle suit tantôt des pistes séparées du réseau routier, tantôt des routes paisibles, parfois encore des routes régionales munies d'accotements asphaltés. Une fois complétée (2007-2008), la Route verte constituera un itinéraire de plus de 4 300 kilomètres.

Vous avez entre les mains la quatrième édition de *La Route verte du Québec*, avec laquelle vous serez en mesure de planifier vos vacances sur deux roues. Cette nouvelle édition revue et améliorée répertorie et cartographie, à une échelle cycliste, plus de 3 600 kilomètres de pistes et de routes cyclables. Elle présente également les pistes régionales reliées directement à la Route verte et qui permettent des escapades supplémentaires. Elle donne toutes les coordonnées nécessaires à la planification de votre route (associations touristiques, organismes gestionnaires, etc.) et vous met en contact avec 205 établissements d'hébergement et campings certifiés «Bienvenue cyclistes ![MD]».

Parcourez la Route verte d'un seul trait ou par petits bouts, en famille ou entre amis. Emmenez-y votre cousin, vos camarades de bureau et même grand-maman ! Allez-y à votre rythme, selon votre inspiration. Par monts et par vaux, découvrez le Québec, côté jardin !

Jean-François Pronovost
Directeur général
Vélo Québec Association

La Route verte est un itinéraire cyclable jalonné de balises désignant le numéro de l'axe sur lequel vous roulez. Si vous les voyez, c'est que vous êtes sur la bonne route !

La Route verte emprunte deux types de voies : les pistes cyclables et les itinéraires sur route.

PISTE CYCLABLE
La piste cyclable est une voie séparée de la circulation motorisée. Les piétons et les patineurs (sur roues alignées) peuvent partager cette voie, par exemple dans le cas des pistes aménagées sur des voies ferrées abandonnées. On qualifie ces pistes de « parc linéaire » ou de « sentier polyvalent », pour refléter leurs différents usages. Elles sont également connues sous le nom de « voie verte » en Europe et de « greenway » aux États-Unis. Le type de revêtement de la chaussée est indiqué sur les cartes : les pistes en crible de pierre sont accessibles à tous les types de vélos; celles asphaltées sont également accessibles aux patineurs et leur surface offre moins de résistance au roulement.

ITINÉRAIRE SUR ROUTE
Les sections de la Route verte qui empruntent le réseau routier sont de deux types. Lorsque la circulation automobile est très faible, il s'agit de chaussées désignées : sur ces routes secondaires, officiellement reconnues comme itinéraire cyclable, cyclistes et automobiles partagent une même voie. Lorsque la circulation automobile est plus importante, les cyclistes circulent sur les accotements qui sont asphaltés à cet effet, à l'écart des voies de circulation automobile.

SECTIONS NON AMÉNAGÉES
Des informations sont fournies pour certaines sections qui ne sont pas aménagées. Ces sections ne constituent pas nécessairement l'itinéraire final de la Route verte. Les informations servent uniquement à aider les cyclistes à choisir la façon qui leur convient pour relier deux sections aménagées : circulation à vélo sur une route non aménagée, circulation à pied sur les accotements non asphaltés ou sur les trottoirs, ou utilisation d'un autre mode de transport (taxi, autobus, train).

Les informations fournies sont :
• la limite de vitesse affichée;
• le débit de circulation, qualifié de faible s'il y a moins de 2 000 véhicules par jour, moyen entre 2 000 et 5 000 et fort lorsqu'il y a plus de 5 000 véhicules par jour;
• la largeur des accotements asphaltés lorsqu'ils sont présents, mais plus étroits que ce que les normes exigent.

ATTENTION
Le tracé de la Route verte comporte généralement peu de pentes importantes et de ce fait ne justifie pas la présentation de profils de parcours. La présence de pentes fortes ou d'autres particularités ponctuelles est soulignée à l'aide du pictogramme jaune avec point d'exclamation, qui attire l'attention des cyclistes sur une situation particulière, décrite dans une note en page opposée.

TRANSPORT

 AUTOBUS

Les arrêts des circuits d'autobus sont indiqués par le logo. Les vélos sont acceptés lorsqu'il reste suffisamment d'espace dans les soutes à bagages. Les vélos qui ne sont pas dans un sac ou dans une boîte doivent être placés dans une soute vide.

 TAXI

Le guide vous indique le numéro de téléphone d'une compagnie de taxi pour les municipalités les plus populeuses. Vous pouvez également utiliser le numéro de téléphone sans frais 1 888 TAXI-SVP pour appeler un taxi partout au Québec.

 TRAIN

Les trains de VIA Rail qui acceptent les vélos comme bagages sont Le Chaleur (Montréal-Gaspé), L'Océan (Montréal-Halifax), Le Saguenay (Montréal-Saguenay) et L'Abitibi (Montréal-Senneterre). Les vélos ne sont pas acceptés à bord des trains express Montréal-Québec, Montréal-Ottawa et Montréal-Toronto. Pour les horaires, communiquer avec VIA Rail au 1 888 VIARAIL (sans frais) ou à www.viarail.ca. Les arrêts des trains sont indiqués par le logo. La plupart des gares sont ouvertes pendant quelques heures avant et après le passage du train. Il peut être requis de mettre le vélo dans une boîte. S'assurer de la disponibilité de la boîte à la gare d'embarquement et apporter ses outils pour tourner le guidon et enlever les pédales.

Réseau de transport interurbain

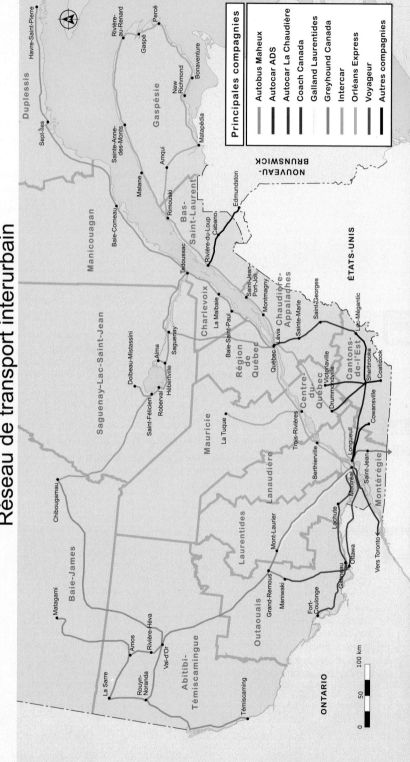

Principales compagnies

- Autobus Maheux
- Autocar ADS
- Autocar La Chaudière
- Coach Canada
- Galland Laurentides
- Greyhound Canada
- Intercar
- Orléans Express
- Voyageur
- Autres compagnies

Réseau de transport ferroviaire

Les trains

Le Chaleur	
L'Océan	
L'Abitibi	
Le Saguenay	
Montréal/Québec	
●	Arrêt (gare)
●	Ville

NOUVEAU-BRUNSWICK

ÉTATS-UNIS

ONTARIO

Manicouagan

Saguenay-Lac-Saint-Jean

Charlevoix

Bas-Saint-Laurent

Gaspésie

Région de Québec

Chaudière-Appalaches

Centre-du-Québec

Cantons-de-l'Est

Mauricie

Lanaudière

Montérégie

Laurentides

Outaouais

Abitibi-Témiscamingue

Percé
Grande-Rivière
Chandler
Port-Daniel
New Carlisle
New Richmond
Caplan
Carleton
Bonaventure
Gaspé
Matapédia
Causapscal
Amqui
Sayabec
Mont-Joli
Matane
Rimouski
Trois-Pistoles
Tadoussac
Rivière-du-Loup
La Pocatière
Montmagny
Lévis
Québec (Charmy)
Rivière-à-Pierre
Saguenay (Jonquière)
Alma
Hébertville
Roberval
Chambord
La Tuque
Grand-Mère
Shawinigan
Trois-Rivières
Parent
Joliette
Drummondville
Saint-Hyacinthe
Sherbrooke
Saint-Lambert
Laval
Montréal
Mont-Laurier
Sennette
Val-d'Or
Amos
Rouyn-Noranda
Gatineau
Ottawa

0 50 100 km

LA ROUTE VERTE DU QUÉBEC

IX

Comment utiliser le guide

Distance en kilomètres entre deux points sur la Route verte

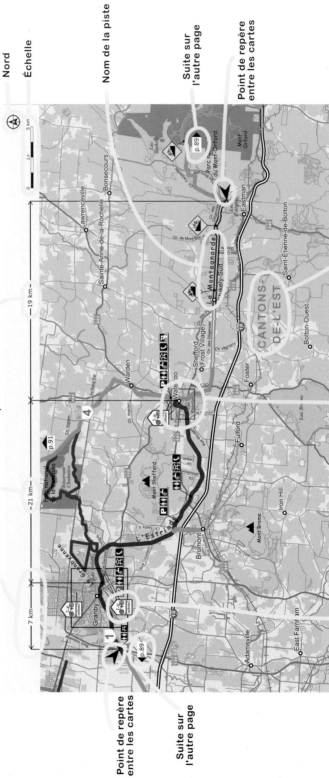

Nord

Échelle

Nom de la piste

Suite sur l'autre page

Point de repère entre les cartes

Point de repère entre les cartes

Suite sur l'autre page

Localisation d'un hébergement « Bienvenue cyclistes ! MD »

Délimitation de l'agrandissement

Nom de la région touristique

Nom des pistes

La Route verte

La Route verte passe par...

L'Estriade
(450) 360-9794
www.estriade.com
La Montagnarde
(819) 843-8744
La Campagnarde
(819) 477-5529

Parc national de la Yamaska
Parc national du Mont-Orford
1 800 665-6527
www.sepaq.com

AUTRES ITINÉRAIRES

La Granbyenne
1 800 567-7273

RÉGION TOURISTIQUE

Cantons-de-l'Est
(819) 820-2020
1 800 355-5755
www.cantonsdelest.com

95 LA ROUTE VERTE DU QUÉBEC

Municipalité traversée

GRANBY
pop. 45 888

Taxi Union Granby enr.
(450) 372-6464

À BICYCLETTES MOMO SPORTS
192, Denison Est
(450) 372-9066

AUBERGE B&B DU ZOO
Gîte du Passant certifié
★★★
347, rue Bourget Ouest
(450) 378-6161
www.aubergeduzoo.com

B & B CHAT L'HEUREUX
★★★
85, rue Jeanne-d'Arc
(450) 375-9078
www.gitescanada.com/8749.html

GRANBY (SUITE)

LA MAISON DUCLAS
Gîte du Passant certifié
★★★
213, rue du N nuphar
(450) 360-0641
www.maisonduclas.com

LE SAINT-CHRISTOPHE, HTEL BOUTIQUE ET SPA
★★★★
255, rue Denison Est
(450) 405-4782
www.hotelstchristophe.com

SHEFFORD
pop. 5 325

L'OASIS DU CANTON
Gîte du Passant certifié
★★★
200, ch. Lequin
(450) 539-2212
www.gitescanada.com/3854.html

WATERLOO
pop. 4 265

LE GTE DU PATRIMOINE
Gîte du Passant certifié
★★★
733, rue Western
(450) 539-2733
www.gitescanada.com/8354.html

LES MATINS DE VICTORIA
Gîte du Passant certifié
★★★★
350, rue Western
(450) 539-5559
www.lesmatinsdevictoria.com

O'BERGE DU PIGNON
★★★
4805, rue Foster
(450) 539-4343
www.gitescanada.com/7471.html

Hébergement « Bienvenue cyclistes !MD **»**

Profil topographique

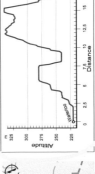

Agrandissement

HÉBERGEMENT

Vélo Québec Association vous présente dans ce guide les hébergements touristiques situés à proximité de la Route verte et certifiés « Bienvenue cyclistes !MD ». Cette certification vous garantit un accueil et des services adaptés à vos besoins lorsque vous voyagez à vélo, que ce soit dans les gîtes, auberges et hôtels ou dans les campings.

Un hébergement touristique (sauf les campings) certifié « Bienvenue cyclistes !MD » vous offre :

• Un emplacement couvert et verrouillé pour vos vélos pendant la nuit.

• S'il y a un service de restauration, vos besoins nutritionnels seront pris en considération et vous recevrez des portions généreuses en fruits et en légumes ainsi que des mets riches en hydrates de carbone.

• Une pompe et de l'outillage pour les réparations mineures.

• Des renseignements sur les centres de réparation de vélos, les centres de location de vélos et les bureaux d'information touristique dans les environs.

Un camping certifié « Bienvenue cyclistes !MD » vous offre :

• Un emplacement sans réservation préalable sur le site de camping, si vous voyagez exclusivement à vélo.

• Un abri couvert pour les repas.

• Une pompe et de l'outillage pour les réparations mineures.

• Des renseignements sur les centres de réparation de vélos, les centres de location de vélos et les bureaux d'information touristique dans les environs.

Pour de plus amples informations ou pour nous donner vos commentaires ou vos suggestions, vous pouvez nous joindre par téléphone au (514) 521-8356 ou au 1 800 567-8356, ou par courriel au bienvenuecyclistes@velo.qc.ca

Certains hébergements « Bienvenue cyclistes !MD » sont également certifiés **Gîte ou Auberge du PassantMD**, une certification qui vous assure de séjourner dans un établissement (classifié 3 soleils ou 2 étoiles et +) où les propriétaires doivent respecter des normes de qualité supérieure touchant l'accueil et les repas servis. Pour plus d'information : (514) 252-3138, www.gitesetaubergesdupassant.com

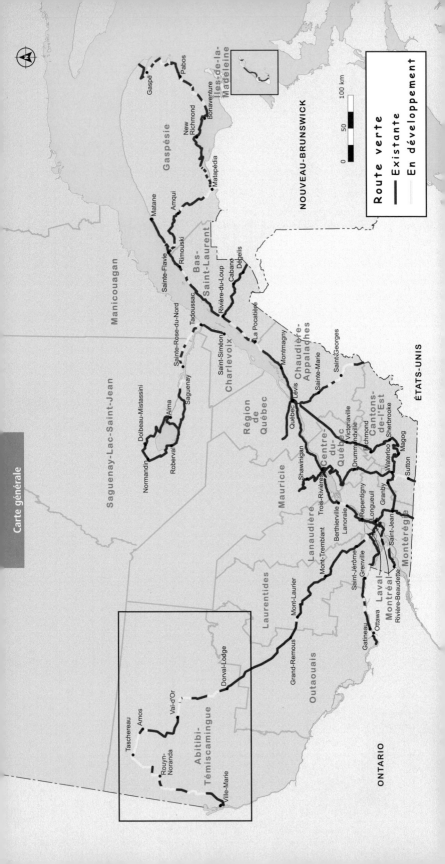

Carte générale

Route verte
— Existante
— En développement

0 50 100 km

ONTARIO

NOUVEAU-BRUNSWICK

ÉTATS-UNIS

Manicouagan

Saguenay–Lac-Saint-Jean

Gaspésie

Bas-Saint-Laurent

Îles-de-la-Madeleine

Région de Québec

Charlevoix

Chaudière-Appalaches

Cantons-de-l'Est

Centre-du-Québec

Mauricie

Lanaudière

Laurentides

Outaouais

Abitibi-Témiscamingue

Montérégie

Laval

Montréal

Gaspé
Pabos
Bonaventure
New Richmond
Matapédia
Amqui
Matane
Sainte-Flavie
Rimouski
Rivière-du-Loup
Cabano
Dégelis
La Pocatière
Montmagny
Lévis
Québec
Saint-Siméon
Tadoussac
Sainte-Rose-du-Nord
Saguenay
Alma
Roberval
Dolbeau-Mistassini
Normandin
Sainte-Marie
Saint-Georges
Victoriaville
Drummondville
Richmond
Sherbrooke
Waterloo
Magog
Sutton
Granby
Saint-Jean
Rivière-Beaudette
Longueuil
Repentigny
Lanoraie
Berthierville
Trois-Rivières
Shawinigan
Mont-Tremblant
Mont-Laurier
Grand-Remous
Dorval-Lodge
Val-d'Or
Amos
Taschereau
Rouyn-Noranda
Ville-Marie
Saint-Jérôme
Grenville
Gatineau
Ottawa

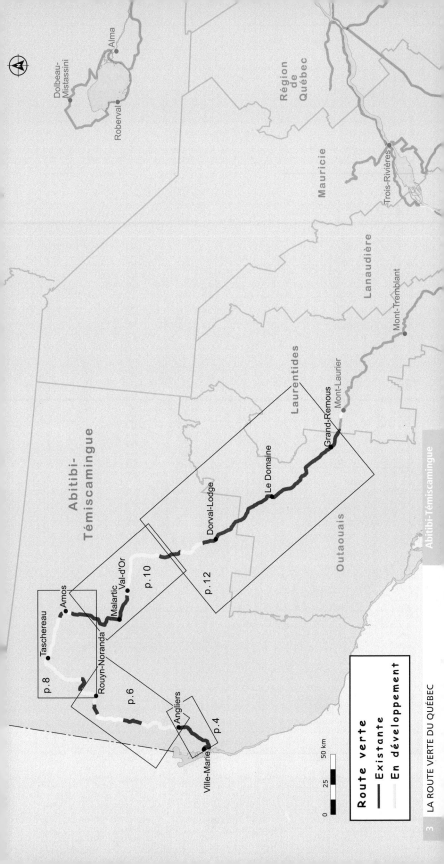

Abitibi-Témiscamingue

Route verte

— Existante

— En développement

0   25   50 km

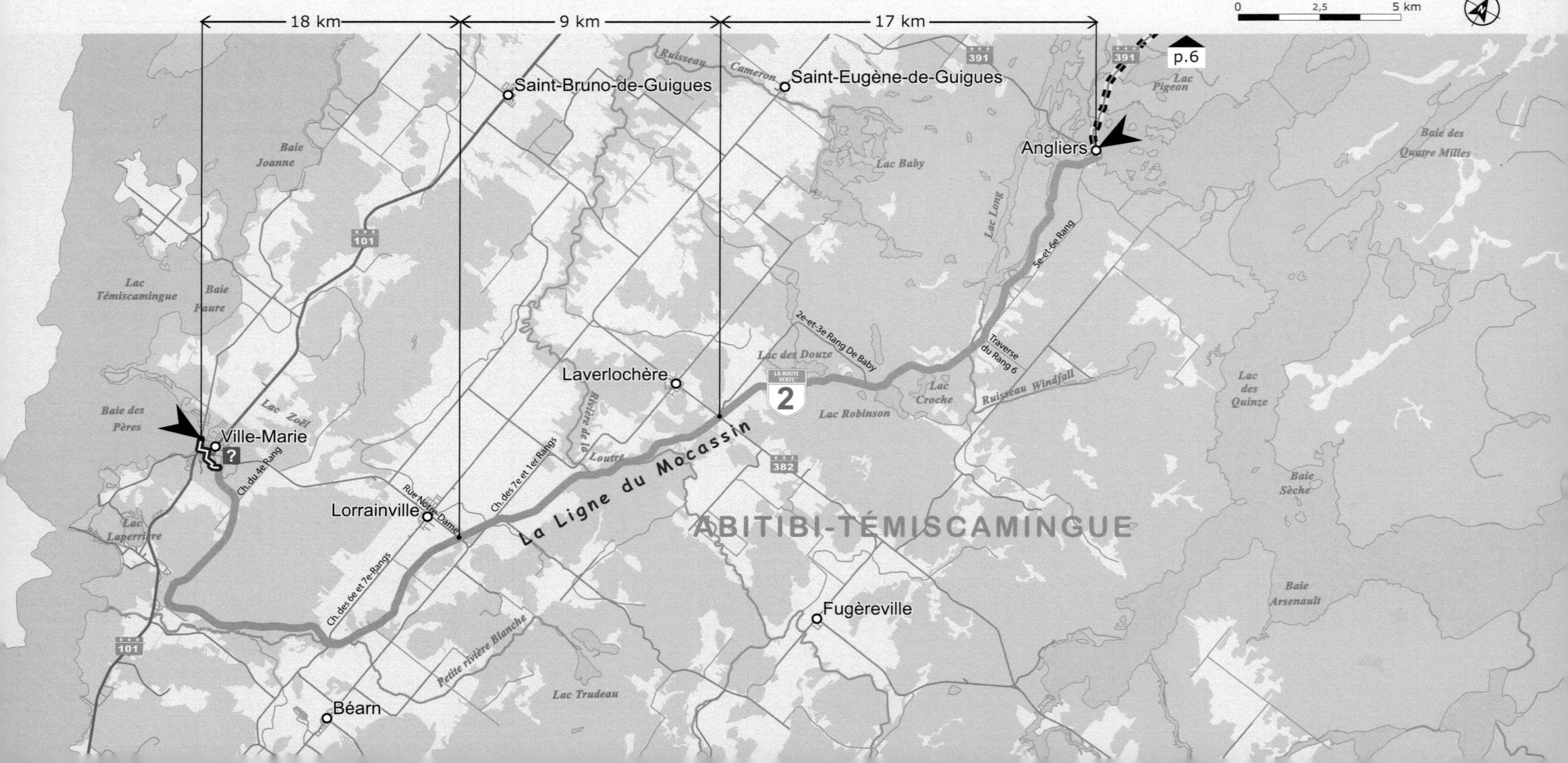

18 km
9 km
17 km
0
2,5
5 km
p.6
391
391
101
101
382
Saint-Bruno-de-Guigues
Saint-Eugène-de-Guigues
Ruisseau Cameron
Lac Pigeon
Angliers
Baie des Quatre Milles
Lac Baby
Baie Joanne
Lac Long
5e-et-6e Rang
Lac Témiscamingue
Baie Faure
2e-et-3e Rang De Baby
Lac des Douze
Traverse du Rang 6
Laverlochère
Lac Croche
Ruisseau Windfall
Lac des Quinze
LA ROUTE VERTE
2
Lac Robinson
Baie des Pères
Lac Zoël
Ville-Marie
?
Rivière de la Loutre
La Ligne du Mocassin
Ch. du 4e Rang
Rue Notre-Dame
Ch. des 7e et 1er Rangs
Baie Sèche
Lorrainville
ABITIBI-TÉMISCAMINGUE
Lac Laperrière
Ch. des 6e et 7e-Rangs
Baie Arsenault
Fugèreville
Petite rivière Blanche
Lac Trudeau
Béarn

WILLIAM PHÉNIX

Abitibi-Témiscamingue

La Route verte passe par...

Ligne du Mocassin
© (819) 629-2959
www.temiscamingue.net/
parclineaire

pop. 2 762

? Bureau d'information touristique
1, boul. Industriel
(819) 629-2918

RÉGION TOURISTIQUE

Abitibi-Témiscamingue
© (819) 762-8181
© 1 800 808-0706
www.48nord.qc.ca

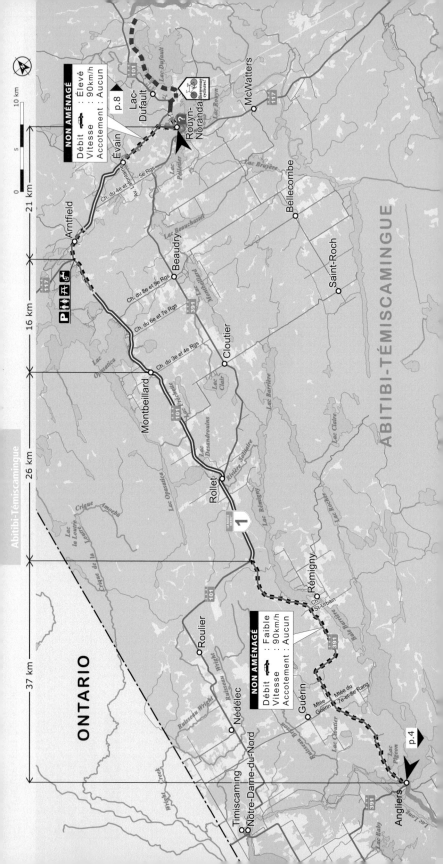

ROUYN-NORANDA

pop. 39 512

Co-Op Taxi
(819) 762-1733

**Bureau
d'information
touristique**
170, avenue Principale Sud
bureau 103
1 800 808-0706

191, avenue du Lac
(819) 797-3195

191, avenue du Lac
(819) 797-3195

**BÉLISLE SPORT
LA SOURCE DU SPORT**
66, PRINCIPALE
(819) 762-7729

HÔTEL-MOTEL DEVILLE
★★★
95, av. Horne
(819) 762-0725

La Route verte™

RÉGION TOURISTIQUE

Abitibi-Témiscamingue
(819) 762-8181
1 800 808-0706
www.48nord.qc.ca

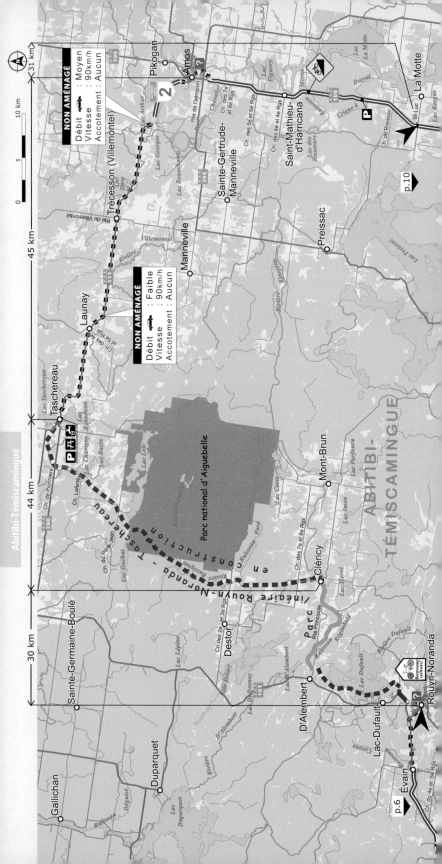

 La Route verte™

La Route verte passe par...

Parc linéaire Rouyn-Noranda – Taschereau

1 866 306-0500
www.groupevelo.com

ROUYN-NORANDA

pop. 39 512

  Co-Op Taxi
(819) 762-1733

 Bureau d'information touristique
170, avenue Principale
Sud bureau 103
1 800 808-0706

191, avenue du Lac
(819) 797-3195

 BÉLISLE SPORT LA SOURCE DU SPORT
66, PRINCIPALE
(819) 762-7729

HÔTEL-MOTEL DEVILLE
★★★
95, av. Horne
(819) 762-0725

AMOS

pop. 12 846

  Taxi Idéal
(819) 732-5363

 **Bureau d'information touristique**
892, route 111 Est
(819) 727-1242

 BOUTIQUE PUR VÉLO
23, Principale Nord
(819) 732-6556
www.cableamos.com/purvelo

RÉGION TOURISTIQUE

Abitibi-Témiscamingue
☎ (819) 762-8181
☎ 1 800 808-0706
www.48nord.qc.ca

Abitibi-Témiscamingue

9 LA ROUTE VERTE DU QUÉBEC

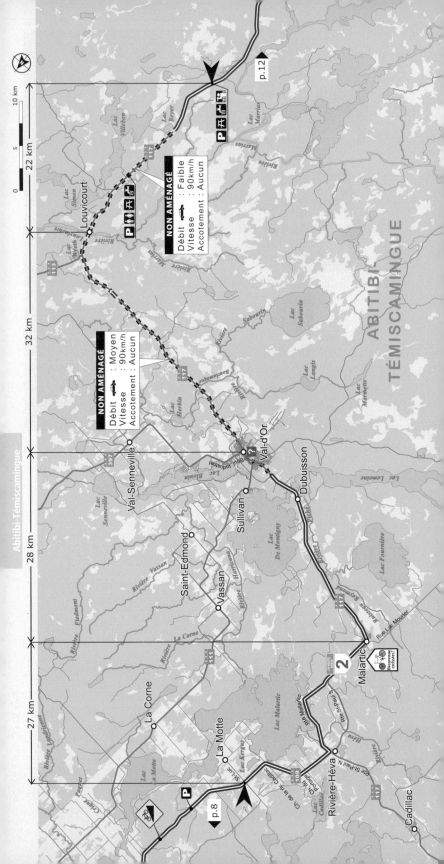

p.12

NON AMÉNAGÉ

Débit	: Faible
Vitesse	: 90km/h
Accotement	: Aucun

NON AMÉNAGÉ

Débit	: Moyen
Vitesse	: 90km/h
Accotement	: Aucun

Louvicourt

Val-Senneville

Saint-Edmond

Vassan

Sullivan

Val-d'Or

Dubuisson

La Corne

La Motte

Malartic

Rivière-Héva

Cadillac

ABITIBI-TÉMISCAMINGUE

Abitibi-Témiscamingue

Bienvenue cyclistes!

22 km

32 km

28 km

27 km

0 5 10 km

p.8

MALARTIC

pop. 3 653

LE FILON DORT
★★★
1311, rue Royale
(819) 757-4377
www.dromadaire.com/malartic/filon

VAL-D'OR

pop. 31 798

Taxi Adapté
(819) 856-7330

**Bureau
d'information
touristique**
1070, 3e Avenue Est
(819) 824-9646

RÉGION TOURISTIQUE

Abitibi-Témiscamingue
(819) 762-8181
1 800 808-0706
www.48nord.qc.ca

La Route verte

11 LA ROUTE VERTE DU QUÉBEC

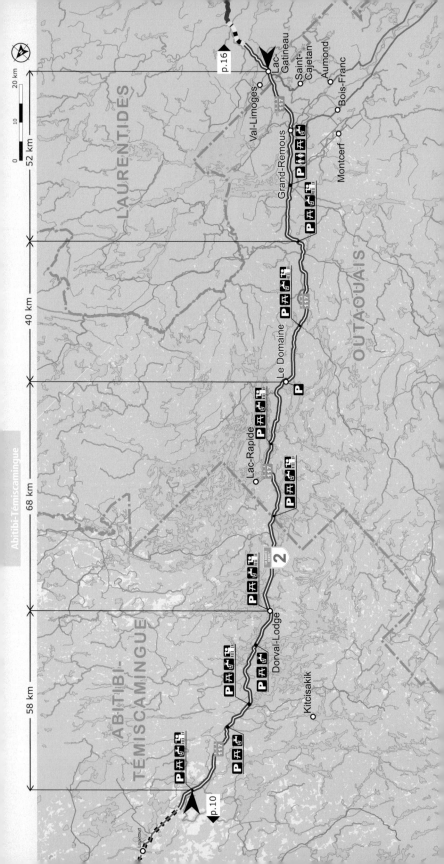

RÉGIONS TOURISTIQUES

Abitibi-Témiscamingue
☎ (819) 762-8181
☎ 1 800 808-0706
www.48nord.qc.ca

Outaouais
☎ (819) 778-2222
☎ 1 800 265-7822
www.tourisme-outaouais.org

Laurentides
☎ (450) 224-7007
☎ 1 800 561-6673
www.laurentides.com

Abitibi-Témiscamingue

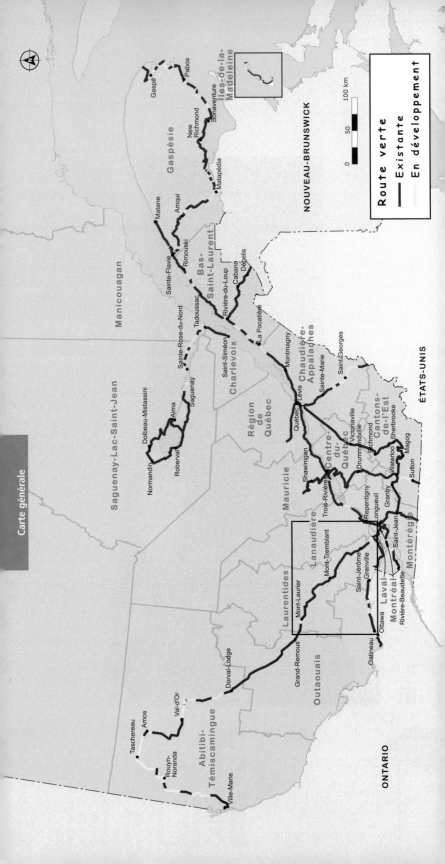

Carte générale

Route verte
—— Existante
—— En développement

0   50   100 km

NOUVEAU-BRUNSWICK

ÉTATS-UNIS

ONTARIO

Gaspésie
Gaspé
Pabos
New Richmond
Bonaventure
Îles-de-la-Madeleine
Matapédia
Amqui
Matane
Sainte-Flavie
Rimouski
Bas-Saint-Laurent
Tadoussac
Sainte-Rose-du-Nord
Cabano
Dégelis
Rivière-du-Loup
La Pocatière
Montmagny
Saint-Georges
Sainte-Marie
Chaudière-Appalaches
Lévis
Québec
Saint-Siméon
Charlevoix
Saguenay
Manicouagan
Dolbeau-Mistassini
Alma
Roberval
Normandin
Saguenay-Lac-Saint-Jean
Région de Québec
Shawinigan
Mauricie
Trois-Rivières
Centre-du-Québec
Victoriaville
Drummondville
Richmond
Sherbrooke
Cantons-de-l'Est
Waterloo
Magog
Sutton
Granby
Saint-Jean
Montérégie
Repentigny
Longueuil
Mont-Laurier
Mont-Tremblant
Saint-Jérôme
Grenville
Lanaudière
Laurentides
Laval
Montréal
Rivière-Beaudette
Ottawa
Gatineau
Grand-Remous
Dorval-Lodge
Outaouais
Val-d'Or
Amos
Taschereau
Rouyn-Noranda
Abitibi-Témiscamingue
Ville-Marie

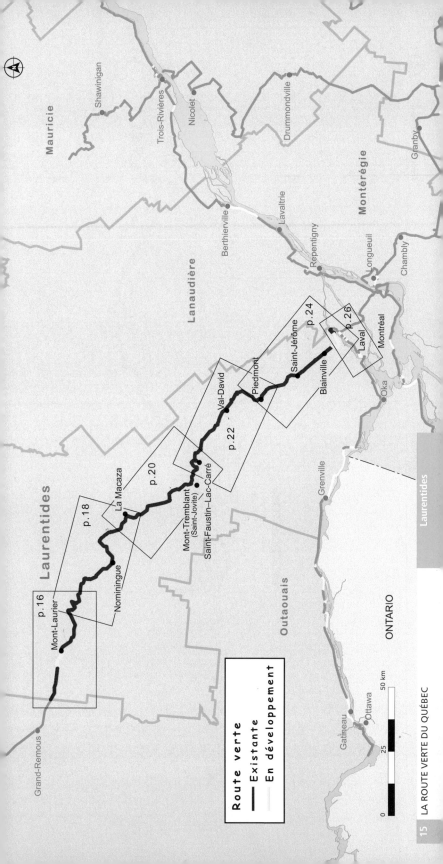

Route verte
— Existante
En développement

Laurentides

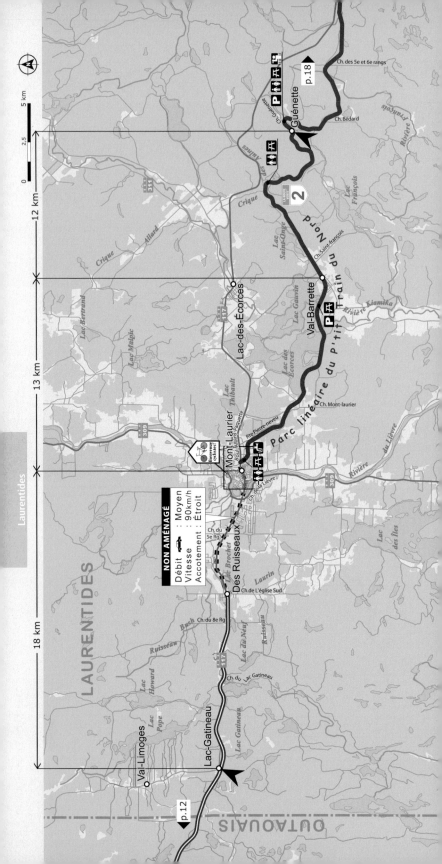

La Route verte passe par...

Parc linéaire
Le P'tit Train du Nord
☎ (450) 227-3313
☎ 1 800 561-6673
www.laurentides.com

Mont-Laurier

NON AMÉNAGÉ
Débit : Moyen
Vitesse : 90km/h
Accotement : Étroit

Rivière du Lièvre

Parc Linéaire
Le P'tit Train du Nord

Godard
Lallemand
Panet
Hérbert
Chasles
du Pont
de la Madone
Lavjolette
Chapleau

117
309

0   0,5   1 km

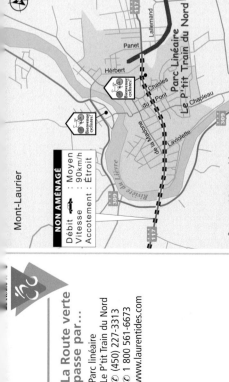

RÉGION TOURISTIQUE

Laurentides
☎ (450) 224-7007
☎ 1 800 561-6673
www.laurentides.com

MONT-LAURIER   pop. 13 981

🛏 **Livraison Clément**
(819) 623-3434

COMFORT INN
★★★
700, boul. Albiny-
Paquette
(819) 623-6465
www.comfortinn-ml.com

MONT-LAURIER (SUITE)

HÔTEL DYNASTIE
★★★
1231, boul. Albiny-
Paquette
(819) 623-5252
www.hoteldynastie.ca

LA MAISON DE LA RIVE
★★★
415, rue du Portage
(819) 623-7063

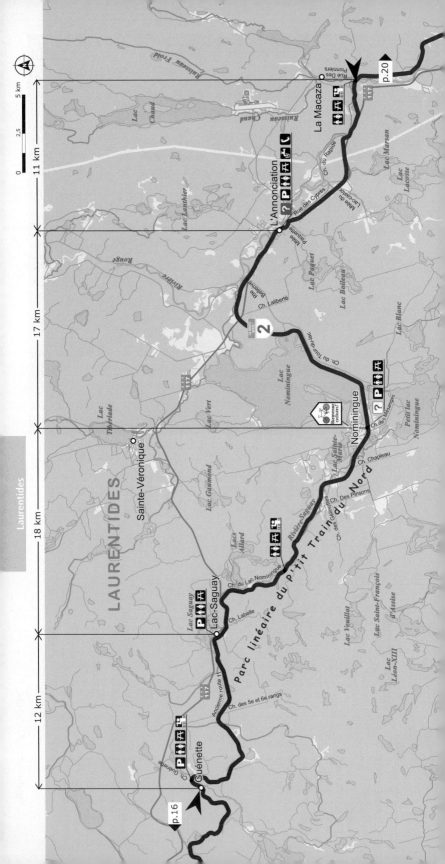

p.20

p.16

Laurentides

La Route verte passe par...

Parc linéaire
Le P'tit Train du Nord
☎ (450) 227-3313
☎ 1 800 561-6673
www.laurentides.com

NOMININGUE

pop. 13 981

PUBERGE CHEZ IGNACE
Auberge du Passant certifiée
★★★
1455, ch. de Bellerive-
sur-le-Lac
(819) 278-0689
www.ignace.qc.ca

GÎTE LE COUP DE COEUR
★★★
2088, ch. des Geais-Bleus
(819) 278-3797
www.gitelecoupdecoeur.qc.ca

LE PROVINCIALART
★★
2292, rue du Sacré-Coeur
(819) 278-4928
www.provincialat.com/

RÉGION TOURISTIQUE

Laurentides
☎ (450) 224-7007
☎ 1 800 561-6673
www.laurentides.com

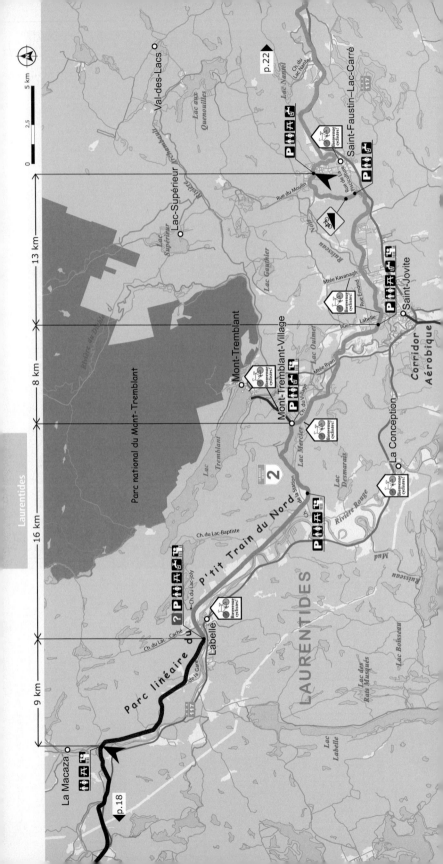

SAINT-FAUSTIN-LAC-CARRÉ

pop. 2 945

CHALETS ROYAL LAURENTIEN
★★★★
2237, ch. du Lac-Nantel Sud
(819) 326-5454
www.royallaurentien.com

L'ENTREMONT
★ ★
1119, rue de la Pisciculture
(819) 688-6662
www.entremont.net

La Route verte

La Route verte passe par...

Parc linéaire
Le P'tit Train du Nord
℗ (450) 227-3313
1 800 561-6673
www.laurentides.com

RÉGION TOURISTIQUE

Laurentides
℗ (450) 224-7007
1 800 561-6673
www.laurentides.com

LABELLE

pop. 2 395

CAMPING CHUTES-AUX-IROQUOIS
★★★
36, rue du Camping
(819) 686-2337
www.campingunion.com/chutes/index.html

LA CONCEPTION

pop. 1 090

A LA CROISÉE DES CHEMINS
★★★
4273, Chemin des Tulipes
(819) 686-5289
1 888 686-5289
www.alacroiseedeschemins.com

MONT-TREMBLANT

pop. 8 735

Saint-Jovite Taxi
(819) 425-3212

MAGASIN DE LA PLACE MONT-TREMBLANT
369, chemin Duplessis
(819) 681-3000
www.tremblant.ca

YVES SPORTS
1908, ch. du Village
(819) 425-1377

MONT-TREMBLANT (SUITE)

AUBERGE LE LUPIN B&B
Auberge du Passant certifiée
★★★
127, rue Pinoteau
(819) 425-5474
www.lelupin.com

AUBERGE LE VOYAGEUR B&B
Auberge du Passant certifiée
★★★
900, rue Coupal
(819) 429-6277
www.bbvoyageur.com

AUBERGE TREMBLANT ONWEGO
★★
112, ch. Plouffe
1 866 429-5522
www.tremblantonwego.com

HÔTEL MONT-TREMBLANT
★★★
1900, ch. du Village
(819) 425-3232
www.hotelmonttremblant.com

LE SECOND SOUFFLE
Gîte du Passant certifié
★ ★ ★ ★
815, Montée Kavanagh
(819) 429-6166

TRIGONELLE B&B
★ ★
330, rue Coupal
(819) 425-9575
www.trigonelle.com

Laurentides

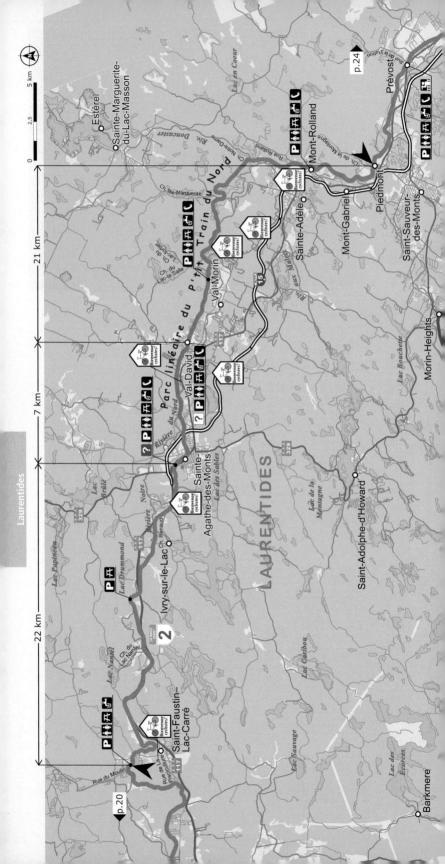

La Route verte™

La Route verte passe par…

Parc linéaire
Le P'tit Train du Nord
© (450) 227-3313
1 800 561-6673
www.laurentides.com

RÉGION TOURISTIQUE

Laurentides
© (450) 224-7007
1 800 561-6673
www.laurentides.com

SAINT-FAUSTIN-LAC-CARRÉ
pop. 2 945

CHALETS ROYAL LAURENTIEN
★★★
2237, ch. du Lac-Nantel Sud
(819) 326-5454
www.royallaurentien.com

L'ENTREMONT
★★★
1119, rue de la Pisciculture
(819) 688-6662
www.entremont.net

VAL-MORIN
pop. 2 346

 AUBERGE LES JARDINS DE LA GARE B&B
Auberge du Passant certifiée
★★★
1790, 7e Avenue
(819) 322-5559

SAINTE-AGATHE-DES-MONTS
pop. 9 396

 Taxi Sainte-Agathe enr.
(819) 326-3300

AUBERGE DE LA TOUR DU LAC
★★★
173, ch. du Tour-du-Lac
(819) 326-4202
www.aubergedelatourdulac.com

AUBERGE LA SAUVAGINE
Auberge du Passant certifiée
★★★
1592, Route 329 Nord
(819) 326-7673

VAL-DAVID
pop. 4 128

 AUBERGE CHARME DES ALPES
★★★
1459, rue Merette
(819) 322-3434
www.aubergecharmedesalpes.com

VAL-DAVID (SUITE)

 AUX 4 SAISONS DE VAL-DAVID
★★★
1009, ch. du Condor
(819) 322-2998
www.gitescanada.com/9034.html

CASA GASTON
★
990, rue du Tour-du-Lac
(819) 322-2794

CHALET « LE 1477 »
★★★
1477, Le Familial
(514) 762-2927
www.chaletsalouer.ca/1477

LA MAISON DE BAVIÈRE «RÉSIDENCE»
★★★
1470, ch. de la Rivière
(819) 322-3528
www.maisondebaviere.com

LE CHALET BEAUMONT
★★★
1451, rue Beaumont
(819) 322-1972

LE MARYE-ANDRÉ
★★★
1194, ch. de la Rivière
(819) 322-2181
www.laurentides.com

SAINTE-ADÈLE
pop. 9 997

 Taxi des Pays d'en Haut enr.
(450) 229-3535

 AUBERGE DE LA GARE - B&B
Gîte du Passant certifié
★★★
1694, ch. Pierre-Péladeau
(450) 228-3140
www.bbcanada.com/6301.html

AUBERGE LE CLAIR MATIN
Gîte du Passant certifié
★★★
3011, rue Beaudry
(450) 229-5551
www.leclairmatin.com

LA BELLE IDÉE
★★★
894, rue de l'Arbre-Sec
(450) 229-6173
www.labelleidee.com

p.26

Laval
Pont A.-David
Lorraine
Rosemère
Sainte-Thérèse
Boisbriand
Bois-des-Filion
640
Ch. de la Côte St-Louis
Blainville
Saint-Janvier
15
La Plaine
Sainte-Anne-des-Plaines
Rue Charles
Rue Victor
Côte St-Pierre
Rivière Mascouche

Parc linéaire des Basses-Laurentides

Rang Sainte-Marguerite
New Glasgow
Sainte-Sophie
Lac-Alouette
117
Saint-Antoine
55
Boul Ste-Sophie
Saint-Jérôme
117
335
Lafontaine

LAURENTIDES

Lac Lac Connelly
Lac-Connelly
Lac-Écho
Lac Écho
Boul. des Hauteurs
Parc linéaire du P'tit Train Nord
2
Prévost
Rue de la Station
15
Saint-Sauveur-des-Monts
Sainte-Anne-des-Lacs
Lac Marois
Bellefeuille
Bellefeuille

p.22
Rue Rolland
Mont-Rolland
Mont-Gabriel
Piedmont
117

0   2,5   5 km
8 km
10 km
14 km
7 km
N

La Route verte passe par...

Parc linéaire
Le P'tit Train du Nord
☎ (450) 227-3313
☎ 1 800 561-6673
www.laurentides.com

Parc linéaire
des Basses-Laurentides
☎ (450) 436-8532
☎ 1 800 561-6673
www.laurentides.com

RÉGIONS TOURISTIQUES

Laurentides
☎ (450) 224-7007
☎ 1 800 561-6673
www.laurentides.com

Laval
☎ (450) 682-5522
☎ 1 877 go laval
www.tourismelaval.com

NOTE 1 : Accotements non asphaltés.
NOTE 2 : Pas de stop sur le chemin de la Côte-Saint-Louis.

SAINTE-THÉRÈSE
pop. 25 225

🚖 **Taxi Union (Au)**
(450) 430-7000

🚲 **BOB CYCLO SPORT**
45, rue Blainville Ouest
(450) 435 1773

ROSEMÈRE
pop. 14 193

🚖 **Au Central Taxi**
(450) 435-3639

🚲 **SPORTS ROSEMÈRE INC.**
280, Grande côte
(450) 979-6719

SPORT EXPERT
401, boul. Labelle
(450) 437-1933

LORRAINE
pop. 9 966

🚖 **Au Central Taxi**
(450) 435-3639

BOIS-DES-FILION
pop. 8 093

🚖 **Au Central Taxi**
(450) 435-3639

🚲 **R-100 SPORT**
512, boul. Adolphe
Chapleau
(450) 621-7100
www.r-100sport.com

BLAINVILLE
pop. 40 655

🚖 **Au Central Taxi**
(450) 435-3639

🚲 **AUBÉCYCLE SPORT**
885, boul. Curé-Labelle
(450) 435-1676

SAINT-JÉRÔME (SUITE)

🚲 **CYCLES CADIEUX**
536, rue Saint-Georges
(450) 432-4686

⛺ **CAMPING LAC LAFONTAINE**
★★★★
1100, boul. du Grand-
Héron
(450) 431-7373
www.laclafontaine.qc.ca/

SAINT-JÉRÔME
pop. 62 684

🚌🚖 **Taxi Saint-Jérôme**
(450) 432-3636

❔ **Bureau d'information touristique**
200, place de la Gare

🚲 **BICYCLETTES ST-ANTOINE**
703, 14ᵉ Avenue
(450) 436-3398

pop. 359 707

Co-Op des Propriétaire de Taxi de Laval
(450) 688-8700

Bureau d'information touristique
2900, boulevard St-Martin Ouest
1 877 465 2825
(450) 682 5522

ANDRÉ JAC SPORT
5520, boul. des Laurentides
(450) 622-2410
www.andrejac.com

ANDRÉ LALONDE SPORTS LAVAL
3900, Autoroute 440 Ouest
(450) 682-5222
www.andrelalondesports.com

CYCLO SPORT LAVAL
3541, boul. Lévesque Ouest
(450) 681-4827

O DE GAM INC.
342-A, boul. Cartier Ouest
(450) 669-2465

PRIMEAU VÉLO PONT VIAU
367, boul. des Laurentides
(450) 668-5370
www.primeauvelo.com

SPORTS G S INC.
1135, boul. Arthur-Sauvé
(450) 627-4188

LA CORDÉE PLEIN AIR LAVAL
2777, boul. St-Martin Ouest
(514) 524-1106
www.lacordee.com

PRIMEAU VÉLO AUTEUIL
5120 Boul. des Laurentides
(450) 628-5001
www.primeauvelo.com

LES MENUS-PLAISIRS
★★★
244, boul. Sainte-Rose
(450) 625-0976
www.lesmenusplaisirs.ca

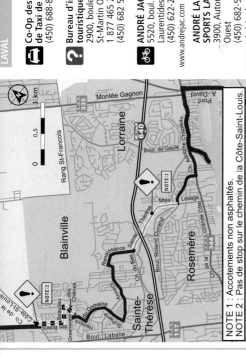

NOTE 1 : Accotements non asphaltés.
NOTE 2 : Pas de stop sur le chemin de la Côte-Saint-Louis.

RÉGIONS TOURISTIQUES

Laurentides
(450) 224-7007
1 800 561-6673
www.laurentides.com

Laval
(450) 682-5522
1 877 go laval
www.tourismelaval.com

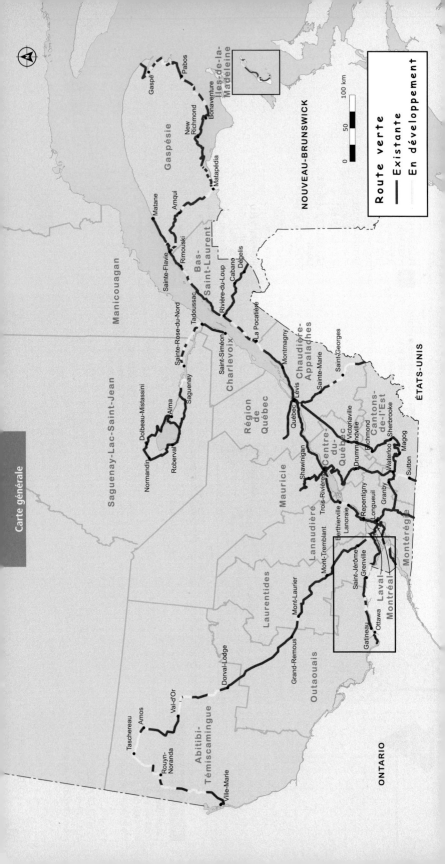

Carte générale

Route verte
— Existante
--- En développement

0 50 100 km

NOUVEAU-BRUNSWICK

ÉTATS-UNIS

ONTARIO

Îles-de-la-Madeleine

Gaspésie

Gaspé
Pabos
New Richmond
Bonaventure
Matapédia
Amqui
Matane
Sainte-Flavie
Rimouski
Cabano
Dégelis
Rivière-du-Loup
Tadoussac
Saint-Siméon
La Pocatière
Montmagny
Lévis
Québec
Sainte-Marie
Saint-Georges

Bas-Saint-Laurent

Manicouagan

Saguenay-Lac-Saint-Jean

Normandin
Dolbeau-Mistassini
Alma
Roberval
Saguenay
Sainte-Rose-du-Nord

Charlevoix

Région de Québec

Chaudière-Appalaches

Mauricie

Shawinigan
Trois-Rivières

Centre-du-Québec

Victoriaville
Drummondville
Richmond
Waterloo
Sherbrooke
Magog
Sutton

Cantons-de-l'Est

Berthierville
Lanoraie
Repentigny
Longueuil
Granby

Lanaudière

Mont-Tremblant
Saint-Jérôme
Grenville

Laurentides

Mont-Laurier
Grand-Remous
Dorval-Lodge

Outaouais

Gatineau
Ottawa

Laval
Montréal

Montérégie

Abitibi-Témiscamingue

Taschereau
Amos
Val-d'Or
Rouyn-Noranda
Ville-Marie

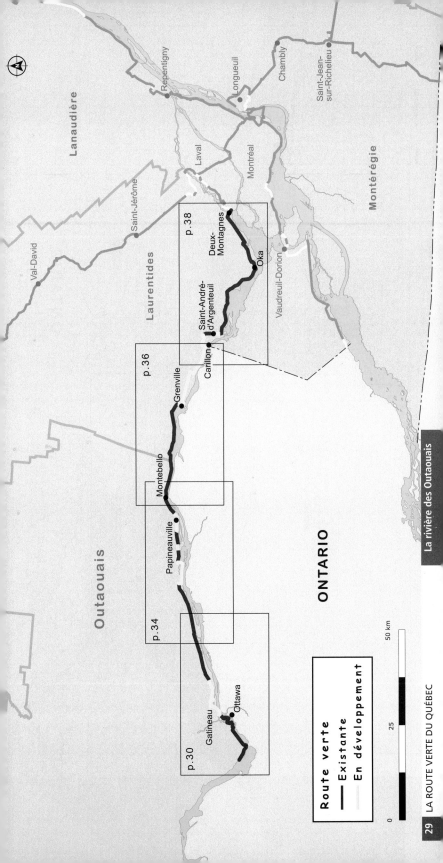

Route verte
— Existante
  En développement

ONTARIO

Outaouais

Laurentides

Lanaudière

Montérégie

Val-David

Saint-Jérôme

Saint-André-
d'Argenteuil

Deux-
Montagnes

Oka

Carillon

Grenville

Montebello

Papineauville

Gatineau

Ottawa

Repentigny

Longueuil

Chambly

Saint-Jean-
sur-Richelieu

Laval

Montréal

Vaudreuil-Dorion

p.30

p.34

p.36

p.38

La rivière des Outaouais

0   25   50 km

29 LA ROUTE VERTE DU QUÉBEC

La rivière des Outaouais

ONTARIO

OUTAOUAIS

Parc de la Gatineau

Old Chelsea

Chelsea

Masson-Angers

Cumberland

Orleans

Blackburn

Gatineau

Vanier

Ottawa

Hull

Aylmer

Sentier des Voyageurs

Rivière des Outaouais

Rivière Gatineau

Rivière Blanche

Petite rivière Blanche

Rivière du Lièvre

Ch Pagé

Ch Findlay

Rte des Laurentides

Mtée Mineault

Ave du Cheval-Blanc

Boul. Maloney

Rue Notre-Dame

Rue St-Louis

Rue Gréber

Ch d'Aylmer

Ch Vanier

Ave Gatineau

p. 34

Bienvenue cyclistes

Bienvenue cyclistes

148

148

148

148

309

307

50

5

1

14 km

13 km

21 km

0   2,5   5 km

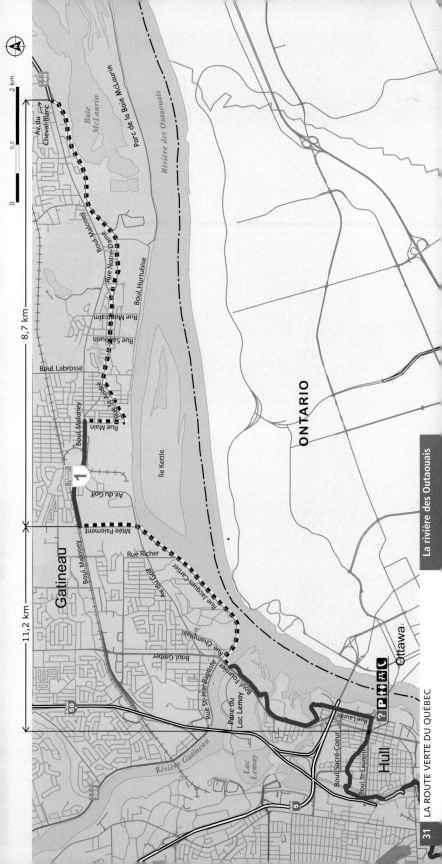

La rivière des Outaouais

La rivière des Outaouais

La Route verte passe par...

Sentier de la Capitale
☏ (613) 239-5000
☏ 1 800 465-1867

Sentiers des Voyageurs
☏ (613) 239-5000
☏ 1 800 465-1867
www.canadascapital.gc.ca/biking

GATINEAU

pop. 238 981

 **Crown Taxi**
(819) 777-1645

Traverse Masson - Cumberland
Traversiers Bourbonnais
(819) 986-8180

Bureau d'information touristique
103, rue Laurier
1 800 265-7822
(819) 778-2222

CYCLE BERTRAND
136, rue Eddy
(819) 771-6858

CYCLE OUTAOUAIS
1955, rue St-Louis
(819) 568-4871
www.cycleoutaouais.com

CYCLO SPORTIF G.M. BERTRAND
167, rue Wellington
(819) 772-2919
www.gmbertrand.com/page2_fr.htm

PECCO'S
79, rue Laval
(819) 771-8933
www.peccos.com/

POLO VÉLO
400, rue Main
(819) 663-2087

GATINEAU (SUITE)

MARC SPORTS
355, rue Notre-Dame
(819) 663-1069

VÉLO SERVICE
350, Laurier, C.P. 79041
(819) 997-4356

AU 55 TACHÉ
Gîte du Passant certifié
❀ ❀ ❀
55, boul. Alexandre-Taché
1 866 714-1454
www.55tache.com

GÎTE FANNY ET MAXIME
Gîte du Passant certifié
❀ ❀ ❀
31, rue Lessard
(819) 777-1960
www.fannyetmaxime.com

LA MAISON JOHN OGILVIE
36, rue Court
(819) 682-1616
www.maisonjohnogilvie.com

RÉGION TOURISTIQUE

Outaouais
☏ (819) 778-2222
☏ 1 800 265-7822
www.tourisme-outaouais.org

 La rivière des Outaouais

La rivière des Outaouais

NON AMÉNAGÉ

Débit : Élevé
Vitesse : 90 km/h
Accotement : Aucun

OUTAOUAIS

ONTARIO

Montebello
p. 36

Papineauville

Plaisance

Parc national
de Plaisance

Wendover

Plantagenet

Thurso

Mayo

Buckingham

Masson-Angers

Rockland

Cumberland

p. 30

Rue Henri-Bourrassa

Rg St-Charles

Mtée St-François

Mtée Papineau

Mtée Du Gore

4e Rang

Mtée Berndt

3e Rang

Ch. Pagé

Ch. Findlay

Rivière de la Petite Nation

Rivière Saint-Sixte

Rivière Blanche

Ruisseau MacClean

Rivière du Lièvre

Rivière des Outaouais

323

148

317

148

309

50

5 km

16 km

14 km

15 km

0   2,5   5 km

La rivière des Outaouais

PLAISANCE pop. 1 128

🚉

THURSO pop. 2 502

🚉

MONTEBELLO pop. 1 050

🚉

❓ Bureau d'information touristique
502-A, rue Notre-Dame
(819) 423-5602

La Route verte passe par…

Parc national de Plaisance
© 1 800 665-6527
www.sepaq.com

RÉGION TOURISTIQUE

Outaouais
© (819) 778-2222
© 1 800 265-7822
www.tourisme-outaouais.org

La rivière des Outaouais

NON AMÉNAGÉ

Débit	: Faible
Vitesse	: 70km/h
Accotement	: Aucun

Dalesville

Brownsburg-Chatham

Saint-Philippe

Mtée Robert

Mtée Saint-philippe

Mtée Byrne

Mtée Cushing

Cushing

Carillon

Pointe-Fortune

p.38

Riv. Nord

Ch. de la 2e Concession

Ch. de la 2e Concession

Mtée Vachon

Greece's Point

Mtée Stonefield

Rue Maple

LAURENTIDES

148

148

Grenville

Hawkesbury

Calumet

Rue Principale

Ch. de la Rivière-Rouge

Rivière Rouge

ONTARIO

L'Orignal

Pointe-au-Chêne

Ch. Avoca

1

148

Rivière des Outaouais

OUTAOUAIS

Rivière Saumon

Fassett

Lefaivre

148

Alfred

Côte Édika

p.34

2 Montebello

0   2,5   5 km

10 km   14 km   20 km   6 km

327

MONTEBELLO
pop. 1 050

Bureau d'information touristique
502-A, rue Notre-Dame
(819) 423-5602

FASSETT
pop. 454

Traverse Fassett / Lefaivre

Traverse Lefaivre-Montebello Ltd.
(613) 679-4664

SAINT-ANDRÉ-D'ARGENTEUIL
pop. 454

Traverse Pointe-Fortune - Carillon

Le Traversier Le Passeur inc.
(450) 537-3412

RÉGIONS TOURISTIQUES

Outaouais
℡ (819) 778-2222
℡ 1 800 265-7822
www.tourisme-outaouais.org

Laurentides
℡ (450) 224-7007
℡ 1 800 561-6673
www.laurentides.com

La rivière des Outaouais

La Route verte™

La rivière des Outaouais

NON AMÉNAGÉ
Débit : Moyen
Vitesse : 90km/h
Accotement : Aucun

p. 26
p. 36

LAURENTIDES

MONTÉRÉGIE

Saint-Eustache
Deux-Montagnes
Sainte-Marthe-sur-le-Lac
Pointe-Calumet
Saint-Joseph-du-Lac
L'île-Bizard
Saint-Augustin
Saint-Benoît
Parc national d'Oka
Mont Oka
Lac des Deux-Montagnes
Oka
Kanesatake
Rg de l'Annonciation
Bienvenue cyclistes!
Ch. du Milieu
Ch. Ste-Germain (Québec)
Rg Ste-Vincent
Saint-Hermas
Saint-Placide
Hudson
Mtée St-Vincent
Ch. Mondou
Rivière des Outaouais
Rig. du Nord
Rivière Rouge
Ch. Nord Rivière Rouge
Rue des Bouleaux
Rte des Seigneurs
Saint-André-d'Argenteuil
Carillon
Pointe-Fortune
Mtée Robert
Ch. de l'Île
Rue Principale
Rte du Long Sault
Ch. du Domaine
Ch. Robillard
Rigaud
Mont Rigaud
Très-Saint-Rédempteur

0   2,5   5 km

14 km
20 km
20 km

La rivière des Outaouais

La Route verte~

La Route verte passe par...

Parc national d'Oka
© 1 800 665-6527
www.sepaq.com

SAINT-ANDRÉ-D'ARGENTEUIL

pop. 3 069

Traverse Pointe-Fortune - Carillon
Le Traversier
Le Passeur inc.
(450) 537-3412

OKA

pop. 4 681

Traverse Oka - Hudson
Traverse Oka inc.
(450) 458-4732

LE ZIBOU
Gîte du Passant certifié

★ ★ ★
★ ★ ★

119, rue des Cèdres
(450) 479-6407
www.giteetaubergedupassant.com/zibou

DEUX-MONTAGNES

pop. 17 614

1 **Deluxe taxi**
St-Eustache Inc.
(450) 473-3333

RÉGION TOURISTIQUE

Laurentides
© (450) 224-7007
© 1 800 561-6673
www.laurentides.com

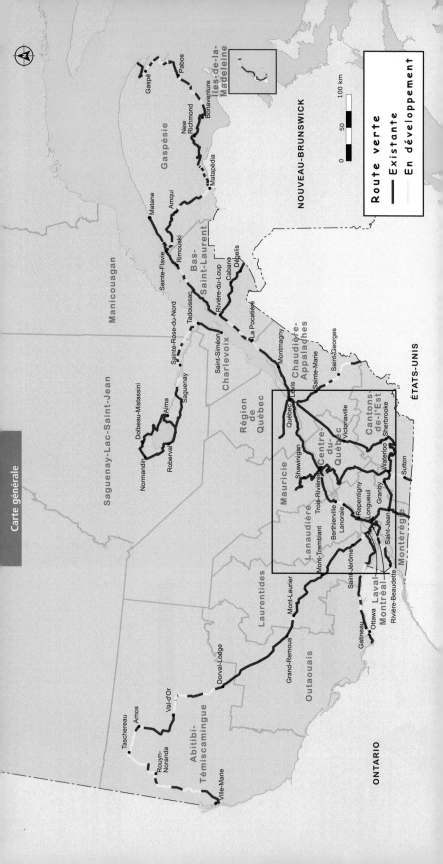

Carte générale

Route verte
Existante
En développement

0   50   100 km

N

NOUVEAU-BRUNSWICK

ÉTATS-UNIS

ONTARIO

Îles-de-la-Madeleine

Pabos
Bonaventure
New Richmond
Gaspé
Gaspésie
Matapédia
Amqui
Matane
Rimouski
Sainte-Flavie
Bas-Saint-Laurent
Rivière-du-Loup
Cabano
Dégelis
Tadoussac
Sainte-Rose-du-Nord
Saguenay
Saint-Siméon
Charlevoix
La Pocatière
Montmagny
Saint-Georges
Chaudière-Appalaches
Sainte-Marie
Lévis
Québec
Victoriaville
Cantons-de-l'Est
Sherbrooke
Waterloo
Sutton
Granby
Saint-Jean
Montérégie
Longueuil
Repentigny
Lanoraie
Berthierville
Trois-Rivières
Shawinigan
Centre-du-Québec
Mauricie
Lanaudière
Mont-Tremblant
Saint-Jérôme
Laval
Montréal
Rivière-Beaudette
Ottawa
Gatineau
Outaouais
Grand-Remous
Mont-Laurier
Laurentides
Dorval-Lodge
Val-d'Or
Amos
Taschereau
Rouyn-Noranda
Abitibi-Témiscamingue
Ville-Marie
Normandin
Dolbeau-Mistassini
Alma
Roberval
Saguenay–Lac-Saint-Jean
Manicouagan
Région de Québec

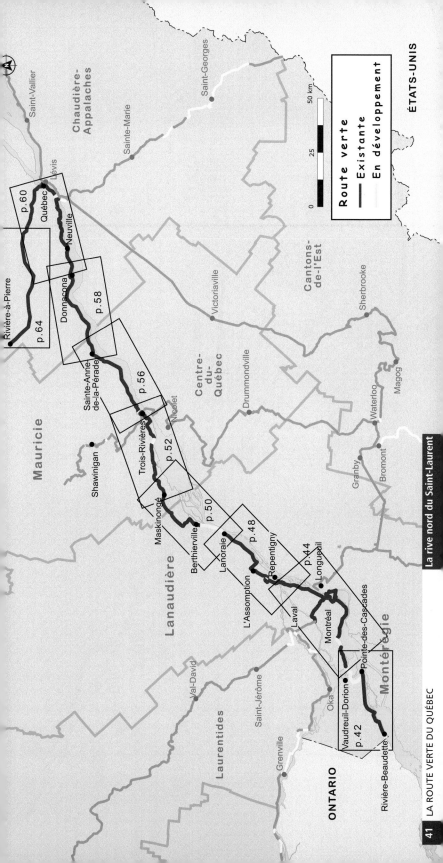

La rive nord du Saint-Laurent

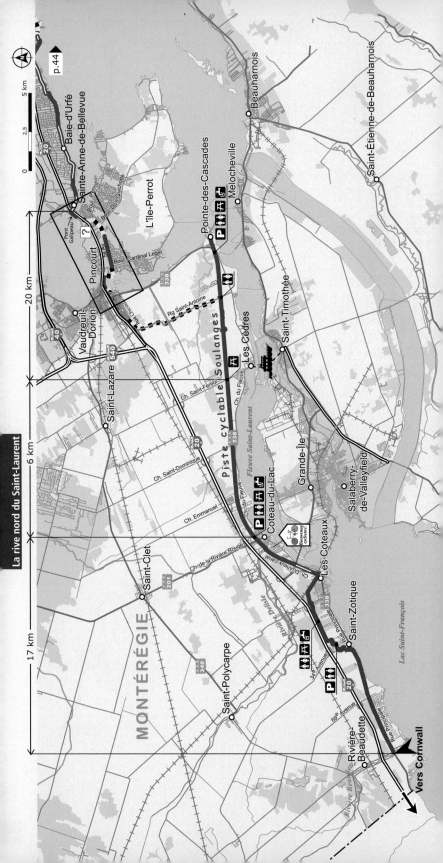

La rive nord du Saint-Laurent

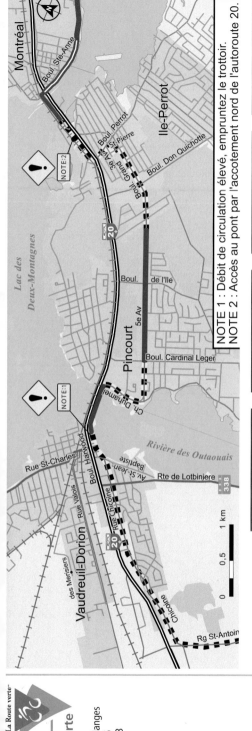

La Route verte passe par...

Piste cyclable Soulanges
℡ (450) 377-7676
℡ 1 800 378-7648

NOTE 1 : Débit de circulation élevé, empruntez le trottoir.
NOTE 2 : Accès au pont par l'accotement nord de l'autoroute 20.

COTEAU-DU-LAC
pop. 6 105

🚕 Taxi Soulanges
(450) 269-3111

⛺ CAMPING SEIGNEURIE DE SOULANGES
★★★
195, rte 338
(450) 763-5344
www.campingquebec.com/
seigneuriedesoulanges

LES CÈDRES
pop. 5 530

🚕 Taxi Soulanges
(450) 269-3111

⛴ Traverse Les Cèdres /
Saint-Timothée
Ville de Les Cèdres
(450) 452-4651

VAUDREUIL-DORION
pop. 22 087

🚌 Taxi V-S
(450) 424-6000

🚕 Taxi V-S
(450) 424-6000

🚲 LE SUROÎT
CYCLE ET SKI
136, Saint-Charles
(450) 455-0328
www.lesuroit.qc.ca

L'ÎLE-PERROT
pop. 9797

🚌 Taxi V-S
(450) 424-6000

❓ Bureau d'information touristique
190, boul. Métropolitain

🚲 J.P. LEMAY BICYCLES
SPROTS INC.
377, boul. Perrot
(514) 453-9137

La rive nord du Saint-Laurent

RÉGION TOURISTIQUE

Montérégie
℡ (450) 469-0069
℡ 1 866 469-0069
www.tourisme-monteregie.qc.ca

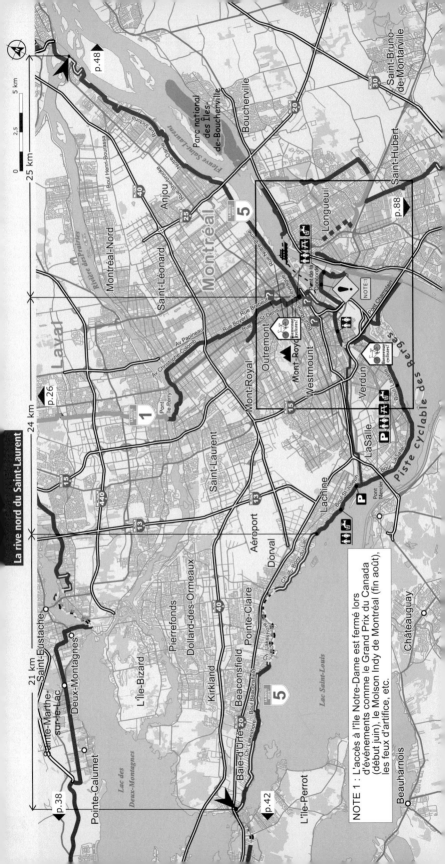

La rive nord du Saint-Laurent

NOTE 1 : L'accès à l'île Notre-Dame est fermé lors d'événements comme le Grand Prix du Canada (début juin), le Molson Indy de Montréal (fin août), les feux d'artifice, etc.

p.48
p.26
p.88
p.38
p.42

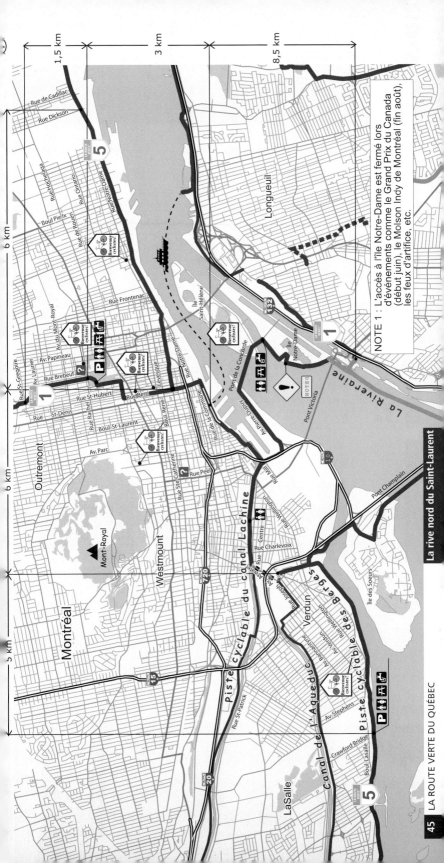

NOTE 1 : L'accès à l'île Notre-Dame est fermé lors d'événements comme le Grand Prix du Canada (début juin), le Molson Indy de Montréal (fin août), les feux d'artifice, etc.

La rive nord du Saint-Laurent

La Route verte

La Route verte passe par...

Piste cyclable des Berges
☎ (514) 732-7303

Piste cyclable
du canal de Lachine
☎ (514) 283-6054

RÉGION TOURISTIQUE

Montréal
☎ (514) 873-2015
☎ 1 877 266-5687
www.tourisme-montreal.org

La rive nord du Saint-Laurent

MONTRÉAL
pop. 1 871 774

Association de Taxi Diamond Ltée
(514) 273-6331

Traverse Montréal - Île Sainte-Hélène Navette Maritimes du Saint-Laurent inc.
(514) 281-8000

Maison des Cyclistes
1251, rue Rachel Est
(514) 521-8356

Tourisme Montréal
1555, rue Peel bureau 600
1 877 BONJOUR

Centre INFOTOURISTE de Montréal
1255, Peel, Bureau 100

ABC CYCLES ET SPORTS
5584, ave. du Parc
(514) 276-1305

BICYCLES EDDY
6341, boul. Monk
(514) 767-0559
www.bicycleseddy.com/

BICYCLE FISET
10629, rue Péloquin
(514) 387-5121

MONTRÉAL (SUITE)

BICYCLETTE SAINT-LAURENT
1344, du Collège
(514) 744-1677
www.cyclesstlaurent.com

BICYCLETTERIE J.R.
151, rue Rachel Est
(514) 843-6989

BICYCLETTES MONTRÉAL-NORD
4897, boul. Gouin Est
(514) 322-2740

BICYCLETTES ROSSI
2500, boul. Saint-Joseph
(514) 634-1611

BICYCLETTES TRANQUILLE ET SPORTS
9611, boul. Lasalle
(514) 365-1524
www.bicyclettestranquille.com/

BOUTIQUE DE LA RÉPARATION DU VÉLO
8370, rue Hochelaga
(514) 351-1315

CENTRE DU VÉLO 82
6444, rue Beaubien Est
(514) 259-5254

CYCLE & SPORT RAPHAËL
4505, rue Bélanger Est
(514) 729-9950

MONTRÉAL (SUITE)

CYCLE & SPORTS PAUL
44, rue Sainte-Anne
(514) 695-5282
www.pjca.com/cycleandsportspaul

CYCLE & SPORTS ROBERT
9031, rue Airlie
(514) 365-7318

CYCLE ACTION SPORTS
2013, ave. Papineau
(514) 598-1296

CYCLE VB
6344, ave. Victoria
(514) 738-2101

CYCLES GIANELLA
4795, boul. des Sources
(514) 683-2240

CYCLES & SPORTS PATRICK
3839, rue Monselet
(514) 327-2934

CYCLES PERFORMANCE
7343, rue St-Denis
(514) 388-3330
www.cyclesperformance.com

DUMOULIN BICYCLETTES ENR.
651, rue Villeray
(514) 272-5834

EXCELLENCE SPORTS MONTRÉAL
Complexe Desjardins,
#143 niveau Place
(514) 288-3935

MONTRÉAL (SUITE)

TEAL SPORT
90, rue Morgan
(514) 457-6120

GARANTIE BICYCLES
857, rue Marie-Anne Est
(514) 527-3021

GENE VÉLO SPORTS
3235, rue Ontario Est
(514) 525-2737

VÉLOMANE ENR.
3898, rue Hochelaga
(514) 259-7606

LA CORDÉE PLEIN AIR MONTRÉAL
2159, rue Sainte-Catherine E.
(514) 524-1106
www.lacordee.com

LA PORTE À BICYCLETTE
4308, rue Hôtel-de-Ville
(514) 849-7954
www.velocycle.com

LE GRAND CYCLE
901, rue Cherrier
(514) 525-1414

LE MAILLOT JAUNE
750, boul. Décarie
(514) 747-2466
www.lemaillotjaune.ca

LE YÉTI PLEIN AIR
5190, boul. Saint-Laurent
(514) 271-0773
www.leyeti.ca

RÉGION TOURISTIQUE

Montréal
© (514) 873-2015
© 1 877 266-5687
www.tourisme-montreal.org

MONTRÉAL (SUITE)

MARSEILLE BICYCLETTE
6915, rue de Marseille
(514) 254-0581
www.marseillebicycle.com

MARTIN SWISS CYCLES
313, ave. Victoria
(514) 481-3369

**NÉRON SPORTS
CYCLE/ÎLE-DES-SOEURS**
40, Place du Commerce,
Local 13
(514) 767-3342

**LES BICYCLES
QUILICOT INC.**
1749, rue Saint-Denis
(514) 842-1121

**ROSEMONT
ACCESSOIRES &
BICYCLES ENR.**
3044, rue Dandurand
(514) 727-2345

CYCLE TECHNIQUE
2713, rue Notre-Dame
Ouest
(514) 937-3626

S.O.S. VÉLO
2085, rue Bennet,
suite 101
(514) 251-8803

PIGNON SUR ROUES
1308, ave. Mont-Royal
Est
(514) 523-6480
www.pignonsurroues.com

MONTRÉAL (SUITE)

**TÉTREAUVILLE BICYCLE
& SPORTS**
9091, rue Hochelaga
(514) 351-3370
www.quetzal.ca

VÉL'AUBE ENR.
5863, ave. de Lorimier
(514) 276-2728

VÉLODIDACTE
4468, rue de Brébeuf
(514) 522-5499

VÉLOESPRESSO
1269, rue Amherst
(514) 596-0655

**D'AMOUR BICYCLES
ET SPORTS**
600, rue Victoria
(514) 637-9217

**RÉPARATION DU VÉLO
MARCHAND**
4623, rue Wilson
(514) 487-8356

BICYCLETTERIE J.R.
907, rue Bélanger
(514) 278-4016

**ANDRÉ LALONDE
SPORTS ST-LÉONARD**
6705, Métropolitain Est

MONTRÉAL (SUITE)

**AUBERGE
DE LA FONTAINE**
★★★
1301, rue Rachel Est
(514) 597-0166
www.aubergedelafontaine.com/site/
fr/index.cfm

AUBERGE LE POMEROL
★★★
819, boul. De Maisonneuve
Est
(514) 526-5511
www.aubergelepomerol.com

**B A GUEST B&B -
CHEZ TAJ**
★★★
2033, rue Saint-Hubert
(514) 738-9410
www.bbmontreal.com

**CENTRE OPTION
PLEIN-AIR DE
MONTRÉAL**
★★
1, circuit Gilles-Villeneuve
(514) 872-0199
www.optionpleinair.com

**HÔTEL AUBERGE
MANOIR VILLE MARIE**
★★★
3130, rue Sainte-
Catherine Est
(514) 522-3333
www.manoirvillemarie.com

MONTRÉAL (SUITE)

**HÔTEL TRAVELODGE
MONTRÉAL CENTRE**
★★★
50, boul. René-Lévesque
Ouest
(514) 874-9090
www.travelodgemontreal.ca

**UNIVERSITY BED AND
BREAKFAST**
★★
621, Prince Arthur Ouest
www.universitybedandbreakfast.ca

LE TERRA NOSTRA
★★
277, rue Beatty
(514) 762-1223
www.leterranostra.com

La rive nord du Saint-Laurent

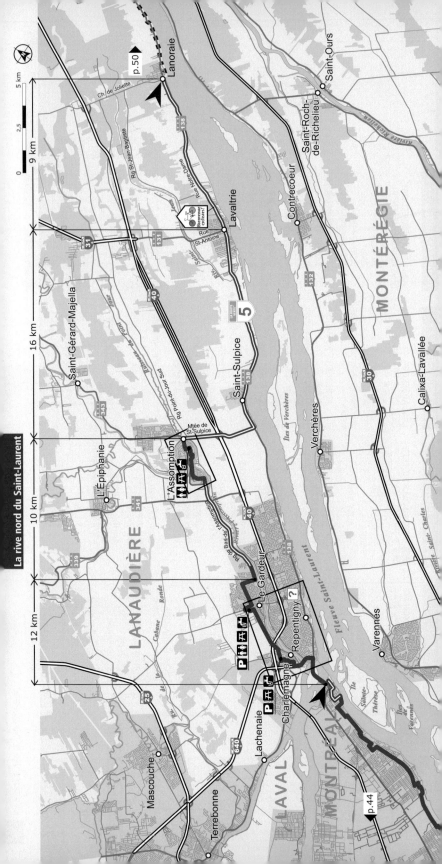

La rive nord du Saint-Laurent

LAVALTRIE
pop. 11 838

🚍 🚕 Taxi Lavaltrie
(450) 586-1223

LAVALTRIE SPORTS
1141, rue Notre-Dame
(450) 586-1672

🚲 MAISON CHARTRAND-
LACOSTE
★ ★ ★
100, terrasse Albert-
Charland
(450) 586-0403

CHARLEMAGNE
pop. 5 799

🚕 Martel Taxi
(450) 581-1410

L'ASSOMPTION
pop. 16 180

🚕 Taxi Central
L'Assomption
(450) 589-4648

REPENTIGNY
pop. 74 485

🚍 🚕 Taxi Rive-Nord
(450) 581-2220

❓ Bureau d'information
touristique
396, rue Notre-Dame

🚲 ANDRÉ LALONDE
SPORTS REPENTIGNY
256, rue Notre-Dame Est
(450) 582-1123
www.andrelalondesports.com

AU COIN DU PÉDALEUR
297, rue Notre-Dame
(450) 581-6670

CENTRE DU VÉLO
224, boul. Brien
(450) 581-0251

Repentigny

Rue St-Paul · Boul. Brien · Av. du Chemin de Fer · l'Assomption · Boul. Iberville · Boul. Larochelle · Rivière l'Assomption · Notre-dame-des-Champs · Rue Notre-Dame · Rue Ricard · Melançon · Sacré-Cœur · St-Paul · Pont Raid-Grenier EN TRAVAUX · Pont Le Gardeur · 40 · 640 · 341

0   0,5   1 km

L'Assomption

Montée St-Sulpice · Meilleur · Boul. l'Ange-Gardien · Charlebois · Dorval · Rue Saint-Pierre · Rue St-Étienne · Forest · Boul. Papin

0   0,5   1 km

La rive nord du Saint-Laurent

RÉGION TOURISTIQUE

Lanaudière
☎ (450) 834-2535
☎ 1 800 363-2788
www.lanaudiere.ca

La Route verte™

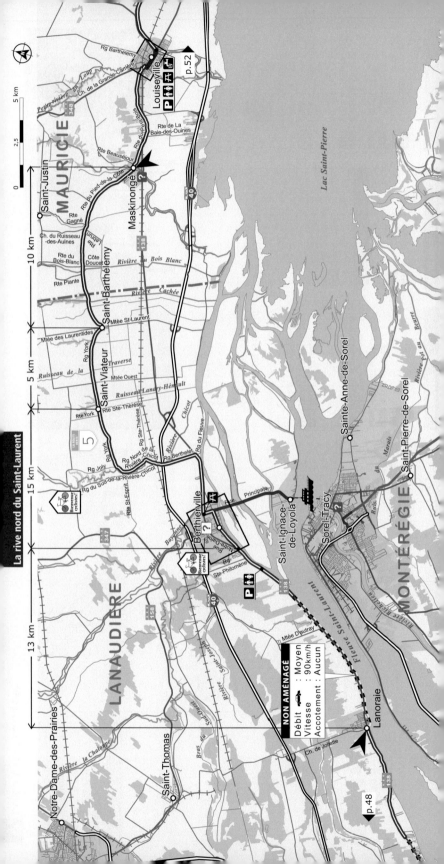

La rive nord du Saint-Laurent

La Route verte™

RÉGIONS TOURISTIQUES

Lanaudière
☎ (450) 834-2535
☎ 1 800 363-2788
www.lanaudiere.ca

Mauricie
☎ (819) 536-3334
☎ 1 800 567-7603
www.tourismemauricie.com

Berthierville

1 km
0   0,5

Louiseville

500 m

La rive nord du Saint-Laurent

MASKINONGÉ
pop. 2 233

? Bureau d'information touristique
autoroute 40, voie Est
(819) 227-2413

LOUISEVILLE
pop. 7 744

Desaulniers Taxi
(819) 228-2464

SAINT-LÉON-LE-GRAND
pop. 970

GÎTE LE COMBLE
★ ★ ★
311, Rang Lamy
(819) 228-0612

BERTHIERVILLE
pop. 3 979

? Bureau d'information touristique
461, rue de Bienville

DAYS INN BERTHIERVILLE
★ ★ ★
760, rue Gadoury
(450) 836-1621
www.daysinnberthier.com

GÎTE DE L'OIE BLANCHE
Gîte du Passant certifié
★ ★ ★
980, rue De Montcalm
(450) 836-6592
www.gitedeloieblanche.com

MANOIR LATOURELLE
★ ★ ★
120, rg de la Rivière-Bayonne Nord
(450) 836-1129
www.valremi-qc.ca

SAINT-CUTHBERT
pop. 1 985

GÎTE L'HIBISCUS
Gîte du Passant certifié
★ ★ ★
2040, rg York
(450) 885-1530
www.gitehibiscus.com

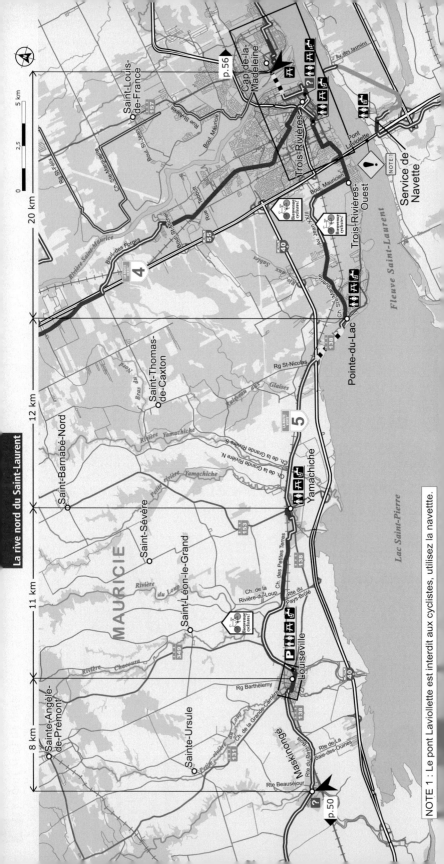

La rive nord du Saint-Laurent

NOTE 1 : Le pont Laviollette est interdit aux cyclistes, utilisez la navette.

Cap-de-la-Madeleine

Rue Saint-maurice

Boul. Latreille

Boul. Ste-Madeleine

Montplaisir

Rue Notre-Dame

5

Boul. St-Pierre
Rue St-Pierre

Rue Notre-Dame

Rue Fusey

Rue Turmel

Rue Tibbeau

Boul. Duplessis

Côt du Passage

Rivière Saint-Maurice

Pont Duplessis

Rue Saint-Maurice

Boul. des Chenaux

Parc de l'Île St-Quentin

Fleuve Saint-Laurent

Rue St-François-Xavier

Rue des Ursulines

Rue du Fleuve

Rue St-Maurice

Rue Des Forges

Rue St-Georges

Rue St-Roch

Boul. des Forges

Rue Papineau

Rue Ste-Marguerite

Rue St-Denis

Rue St-Philippe

Rue Royale

Rue Notre-Dame

Boul. des Récollets

Trois-Rivières

Rue Père-Daniel

Rue Bellefeuille

138

Boul. des Récollets

Rue Voyer

5

Côte Richelieu

4

Bienvenue cyclistes!

des Oblats

Thomas-Marks

Rue Notre-Dame

138

40

40

La rive nord du Saint-Laurent

La rive nord du Saint-Laurent

LOUISEVILLE
pop. 7 744

📞 Desaulniers Taxi
(819) 228-2464

TROIS-RIVIÈRES
pop. 125 086

📞 Coop Taxis de la Mauricie (1992)
(819) 378-5444

⛴ Service de navette Remorques Montpas
(819) 233-4414
(819) 229-1129

❓ Bureau d'information touristique
1457, rue Centre
Trois-Rivières
(819) 375-1122

🚲 LAFERTÉ BICYCLES
1513, rue Laviolette
(819) 374-9172

EXCELLENCE SPORTS
TROIS-RIVIÈRES
3245, biul. des Récollets
(819) 373-6673

LE YÉTI
1400, boul. des Récollets
(819) 373-2915

TROIS-RIVIÈRES (SUITE)

🚲 LEGENDRE VÉLO PLEIN AIR
505, rue Saint-Georges
(819) 374-3531

VÉLO 2 MAX
2930, rue Carillon
(819) 372-4797

VÉLO CYCLONE
5641, Boul. Jean XXIII
(819) 378-8553

LAFERTÉ BICYCLES
6865, boul Jean XXIII
(819) 377-5887

ANDRÉ LALONDE SPORTS
TROIS-RIVIÈRES
4520, Boul. Royal
(819) 373-2622

AUBERGE BAIE-JOLIE
Auberge du Passant certifiée
★★★
9709, rue Notre-Dame Ouest
(819) 377-2226
www.gitescanada.com/5366.html

TROIS-RIVIÈRES (SUITE)

CAMPING LAC SAINT-MICHEL DES FORGES
★★★
11650, rue du Clairon
(819) 374-8474
www.campingquebec.com/stmicheldesforges

CAMPING LES FORGES
★★★
12266, boul. des Forges
(819) 376-0008
www.campingquebec.com/lesforges

DELTA TROIS-RIVIÈRES HÔTEL ET CENTRE DES CONGRÈS
★★★★
1620, rue Notre-Dame Centre
(819) 376-1991

LA MAISON DES LECLERC
Gîte du Passant certifié
★★★
2821, rue Notre-Dame Est
(819) 379-5946
www.maisondesleclerc.com

MOTEL CANADIEN
★★
1821, rue Notre-Dame Est
(819) 375-5542

MOTEL LE MARQUIS
★★
989, rue Notre-Dame Est
(819) 378-7130
www.motelmarquis.com

Louiseville

500 m

MASKINONGÉ
pop. 2 233

📞 ❓ Bureau d'information touristique
autoroute 40, voie Est
(819) 227-2413

SAINT-LÉON-LE-GRAND
pop. 970

GÎTE LE COMBLE
★★★
311, Rang Lamy
(819) 228-0612

RÉGION TOURISTIQUE

Mauricie
📞 (819) 536-3334
📞 1 800 567-7603
www.tourismemauricie.com

La rive nord du Saint-Laurent

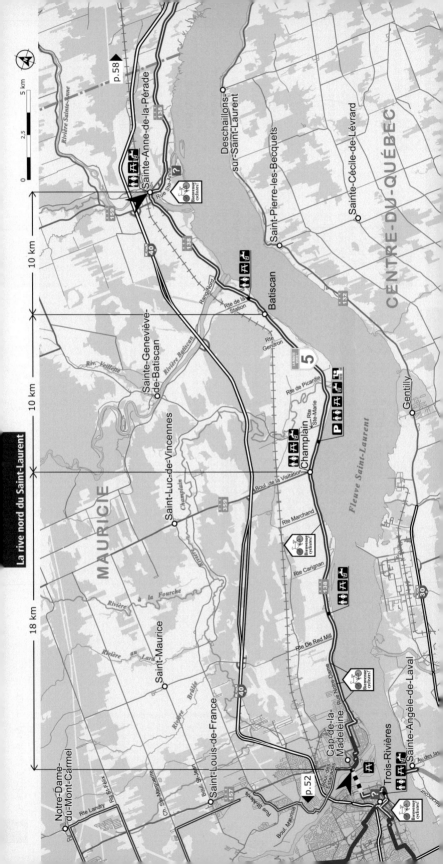

La rive nord du Saint-Laurent

TROIS-RIVIÈRES

pop. 125 086

 Coop Taxis de la Mauricie (1992)
(819) 378-5444

Service de navette Remorques Montpas
(819) 233-4414
(819) 229-1129

 Bureau d'information touristique
1457, rue Centre
Trois-Rivières
(819) 375-1122

 LAFERTÉ BICYCLES
1513, rue Laviolette
(819) 374-9172

EXCELLENCE SPORTS TROIS-RIVIÈRES
3245, boul. des Récollets
(819) 373-6673

LE YÉTI
1400, boul. des Récollets
(819) 373-2915

LEGENDRE VÉLO PLEIN AIR
505, rue Saint-Georges
(819) 374-3531

VÉLO 2 MAX
2930, rue Carillon
(819) 372-4797

RÉGION TOURISTIQUE

Mauricie
Ⓒ (819) 536-3334
Ⓒ 1 800 567-7603
www.tourismemauricie.com

TROIS-RIVIÈRES (SUITE)

 VELO CYCLONE
5641, Boul. Jean XXIII
(819) 378-8553

LAFERTÉ BICYCLES
6865, boul Jean XXIII
(819) 377-5887

ANDRÉ LALONDE SPORTS TROIS-RIVIÈRES
4520, Boul. Royal
(819) 373-2622

AUBERGE BAIE-JOLIE
Auberge du Passant certifiée
9709, rue Notre-Dame Ouest
(819) 377-2226
www.gitescanada.com/5366.html

CAMPING LAC SAINT-MICHEL DES FORGES ★★★
11650, rue du Clairon
(819) 374-8474
www.campingquebec.com/stmicheldesforges

CAMPING LES FORGES ★★★
12266, boul. des Forges
(819) 376-0008
www.campingquebec.com/lesforges

TROIS-RIVIÈRES (SUITE)

DELTA TROIS-RIVIÈRES HÔTEL ET CENTRE DES CONGRÈS ★★★★
1620, rue Notre-Dame Centre
(819) 376-1991

LA MAISON DES LECLERC
Gîte du Passant certifié
2821, rue Notre-Dame Est
(819) 379-5946
www.maisondesleclerc.com

MOTEL CANADIEN ★★
1821, rue Notre-Dame Est
(819) 375-5542

MOTEL LE MARQUIS ★★
989, rue Notre-Dame Est
(819) 378-7130
www.motelmarquis.com

CHAMPLAIN

pop. 1 609

GÎTE MAISON MARIE-ROSE ★★★
944, rue Notre-Dame
(819) 295-5235
www.gitescanada.com/8496.html

SAINTE-ANNE-DE-LA-PÉRADE

pop. 2 170

 Bureau d'information touristique
8, rue Marcotte
(418) 325-1750

AUBERGE À L'ARRÊT DU TEMPS
Auberge du Passant certifiée
965, boul. de Lanaudière
(418) 325-3590

AUBERGE DU MANOIR DAUTH ★★★
21, boul. De Lanaudière
(418) 325-3432
www.manoirdauth.com

La rive nord du Saint-Laurent

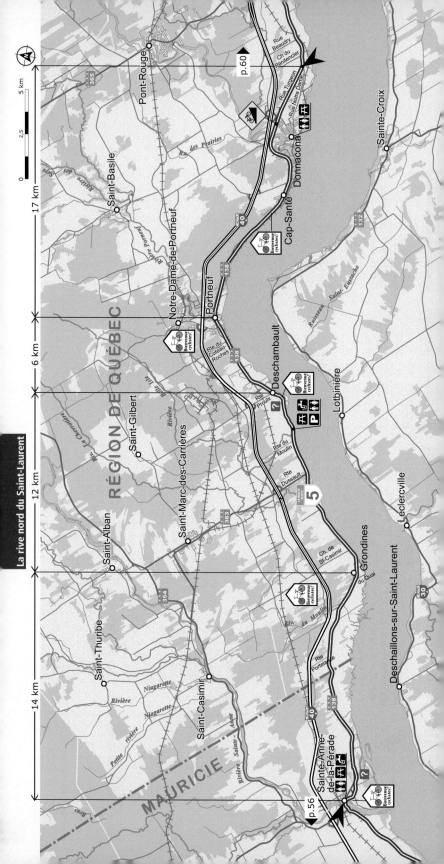

La rive nord du Saint-Laurent

WILLIAM PHENIX

PORTNEUF

pop. 3 213

CHAMBRE AVEC VUE
Gîte du Passant certifié
★★★
1, rue des Sentiers
(418) 286-4612
www.gitechambreavecvue.com

CAP-SANTÉ

pop. 2 571

PAUSE PAPILLON
CAFÉ CHAMPÊTRE
★★
80, rte 138
(418) 285-0919
www.bbpausepapillon.com

DONNACONA

pop. 5 647

Taxis Jaunes enr.
(418) 285-2323

DESCHAMBAULT-GRONDINES

pop. 2 080

LA VIEILLE ÉCOLE
SUR LE ST-LAURENT
★★
61, ch. du Roy
(Grondines)
(418) 268-3337

AUBERGE
CHEMIN DU ROY
Auberge du Passant certifiée
★★★
106, rue Saint-Laurent
(Deschambault)
(418) 286-6958
www.cheminduroy.com

RESTAURANT-MOTEL
LE CHAVIGNY
★★★
11, rue des Pins
(Deschambault)
(418) 286-4959

SAINTE-ANNE-DE-LA-PÉRADE

pop. 2 170

Bureau d'information
touristique
8, rue Marcotte
(418) 325-1750

AUBERGE
À L'ARRÊT DU TEMPS
Auberge du Passant certifiée
★★★★
965, boul. de Lanaudière
(418) 325-3590

AUBERGE
DU MANOIR DAUTH
★★★
21, boul. De Lanaudière
(418) 325-3432
www.manoirdauth.com

RÉGIONS TOURISTIQUES

Mauricie
☎ (819) 536-3334
☎ 1 800 567-7603
www.tourismemauricie.com

Région de Québec
☎ (418) 641-6654
www.quebecregion.com

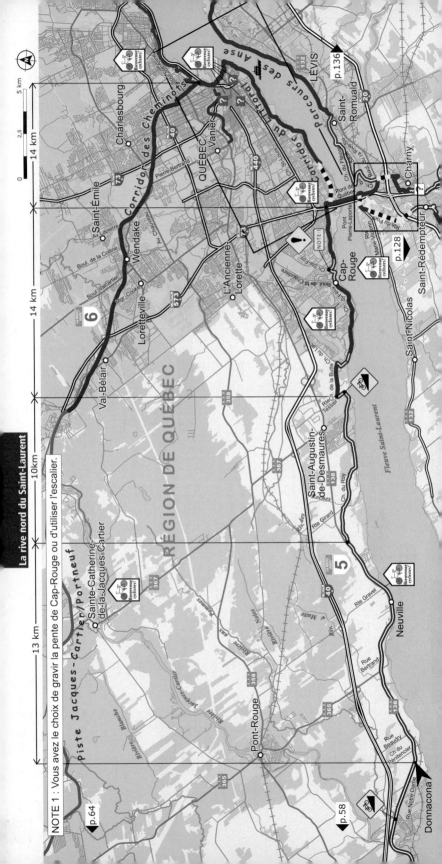

La rive nord du Saint-Laurent

NOTE 1 : Vous avez le choix de gravir la pente de Cap-Rouge ou d'utiliser l'escalier.

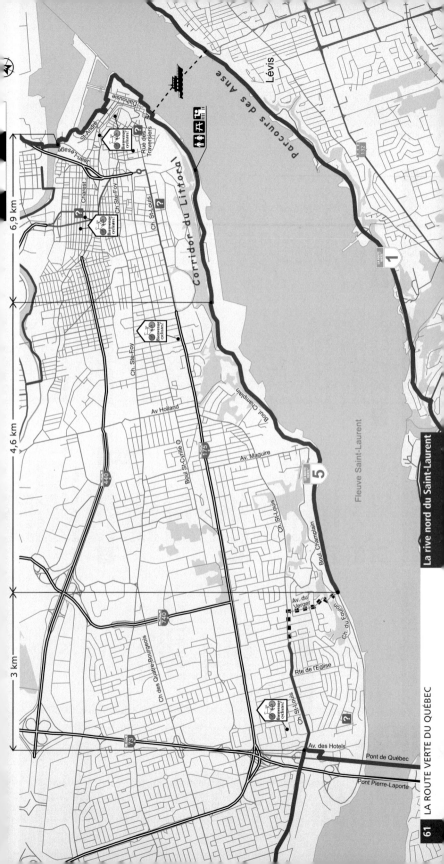

La rive nord du Saint-Laurent

La Route verte passe par...

Corridor du Littoral
☎ (418) 649-2636

Corridor des Cheminots
☎ (418) 649-2636

AUTRE ITINÉRAIRE

Piste Jacques-Cartier / Portneuf

☎ (418) 337-2900
☎ 1 800 321-4992

DONNACONA pop. 5 647

 Taxis Jaunes enr.
(418) 285-2323

NEUVILLE pop. 3 516

 GÎTE D'ÉMILIE
★★★
621, rte 138
(418) 876-2231
www.gitedemilie.com

LE GÎTE UN ÉTÉ BLEU
Gîte du Passant certifié
★★★★
173, rte 138
(418) 876-3298
www.geocities.com/uneteblue

La rive nord du Saint-Laurent

QUÉBEC pop. 523 629

Association des Coopératives de Taxis
(418) 653-7777

Traverse Québec / Lévis
Société des traversiers du Québec
1 877 787-7483

? **Bureau d'information touristique**
399, rue St-Joseph Est étage 2
(418) 641-6654

835, avenue Wilfrid-Laurier
(418) 641-6290

12, rue Sainte-Anne

3300, avenue des Hôtels
(418) 641-6290

 DUGAY SPORTS
400, boul. Alexandre Taché
(819) 771-3512

BICYCLE DUPLAIN
3565, boul. Mgr Gauthier
(418) 661-9670

CENTRE DU BICYCLE SAINTE-FOY
3245, ch. Sainte-Foy
(418) 651-5818

QUÉBEC (SUITE)

 DEMERS BICYCLETTES & SKIS DE FOND
1044, 3e Avenue
(418) 529-1012
www.demersbicycle.qc.ca

GAGNÉ VÉLO-SKI
7065, boul. Henri Bourassa
(418) 626-6653

LA VIE SPORTIVE
600, rue Bouvier
1-888-347-7678
www.viesportive.com

LE VÉLOMANE
957, ave. Royale
(418) 663-3930
www.velomane.homestead.com

LE QUÉBEC SPORTIF
710, rue Bouvier
(418) 628-5252

SPORT OLYMPE
1764 Notre-Dame
(418) 871-1351
www.olympe-qc.ca

FOURNEL BICYCLES
46, de Saint-Vallier Est
(418) 522-1760
www.fournelbicycles.qc.ca

SPORT BAZAR 2002 INC.
2002, chemin Saint-Louis
(418) 688-2248

SPORT DANIEL
2262, ave. Larue
(418) 661-8179

QUÉBEC (SUITE)

 **LE VÉLO VERT INC.**
1500, ave. d'Estimauville, bureau 8
(418) 661-1661
www.clic.net/~velovert

LESSARD BICYCLES 1985 INC.
2900, ch. des Quatre-Bourgeois
(418) 656-0570
www.pro-cycle.ca

LESSARD BICYCLES 1985 INC.
909, boul. Pierre-Bertrand, local 130
(418) 648-0608
www.pro-cycle.ca

SPORTS EXPERTS GROUPE GOSSELIN-LORTIE
Place Laurier, niveau 3, 2700, boul. Laurier
C.P. 31089
(418) 658-1820

SPORTS EXPERTS
215, Joseph Casavant
(418) 660-7767

SPORTS EXPERTS
Carrefour Charlesbourg
8500, boul. Henri-Bourassa
(418) 626-2157

RÉGION TOURISTIQUE

Région de Québec
☎ (418) 641-6654
www.quebecregion.com

QUÉBEC (SUITE)

AMBASSADEUR HÔTEL ET SUITES
★★★
321, boul. Sainte-Anne
(418) 666-2828
www.hotelambassadeur.ca

APPARTEMENTS HÔTEL BONSÉJOURS
★★★
237, rue Saint-Joseph E
(418) 380-8080
www.bonsejours.com

AUBERGE DU LITTORAL
★★
910, Boulevard Ste-Anne
(418) 266-2165
1-877 661-6901
www.quebecweb.com/
aubergedulittoral

COUETTE ET CAFÉ L'ARVIDIENNE
★★★★
820, ch. Saint-Louis
(418) 682-2755
www.arvidienne.com

GÎTE MONIQUE ET ANDRÉ SAINT-AUBIN
Gîte du Passant certifié
★★★
3045, rue de la Seine
(418) 658-0685
www.quebecweb.com/staubin

QUÉBEC (SUITE)

HÔTEL ACADIA
★★★
43, rue Sainte-Ursule
(418) 694-0280
www.hotelacadia.com

HÔTEL DES COUTELLIER
★★★
253, rue Saint-Paul
(418) 692-9696
www.hoteldescoutellier.com

HÔTEL ROYAL WILLIAM
★★★★
360, boul. Charest Est
(418) 521-4488
www.royalwilliam.com

LA MAISON DUFRESNE
★★★★
505, Avenue Royale
(418) 666-4004
1-877 747-4004
www.quebecweb.com/dufresne

LA MAISON LAFLEUR
★★★
2, rue De Laval
(418) 692-0685
www.bbcanada.com/1888.html

L'HYDRANGÉE BLEUE
★★★
1451, rue du Golf
(418) 657-5609
www.quebecweb.com/
gpq/LHydrangeeBleue

WENDAKE   pop. 1 299

BOUTIQUE LE PÉDALIER
91, boul. Maurice-Bastien
(418) 842-2734
www.pedalier.ca

RÉGION TOURISTIQUE

Région de Québec
(418) 641-6654
www.quebecregion.com

La rive nord du Saint-Laurent

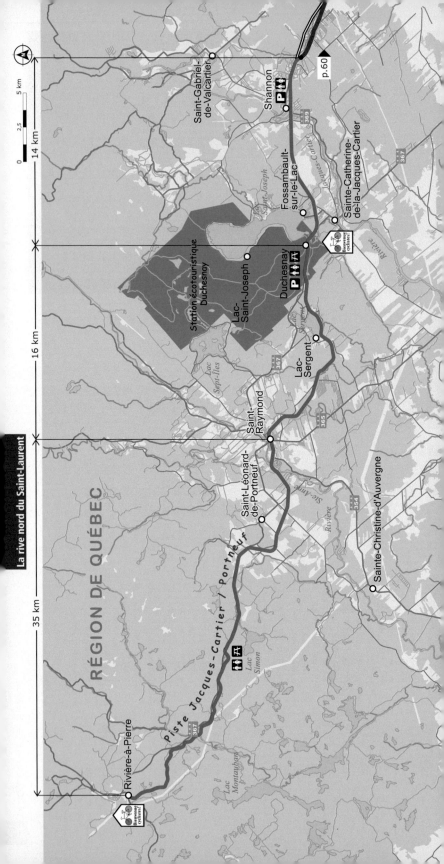

La rive nord du Saint-Laurent

RÉGION DE QUÉBEC

Piste Jacques-Cartier / Portneuf

Rivière-à-Pierre

Saint-Léonard-de-Portneuf

Saint-Raymond

Lac-Sergent

Sainte-Christine-d'Auvergne

Lac-Saint-Joseph

Station écotouristique Duchesnay

Duchesnay

Fossambault-sur-le-Lac

Sainte-Catherine-de-la-Jacques-Cartier

Saint-Gabriel-de-Valcartier

Shannon

p. 60

14 km

16 km

35 km

0   2,5   5 km

La Route verte passe par…

Corridor des Cheminots
© (418) 649-2636

AUTRE ITINÉRAIRE

Piste Jacques-Cartier / Porneuf

© (418) 337-2900
© 1 800 321-4992

SAINTE-CATHERINE-DE-LA-JACQUES-CARTIER
pop. 4 939

GÎTE DU SOUS-BOIS
Gîte du Passant certifié
✹ ✹ ✹ ✹
9, Route Duchesnay
(418) 875-2295

RIVIÈRE-À-PIERRE
pop. 669

GÎTE COUETTE ET CONFITURES
★★★
640, rue Principale
(418) 323-2333

RÉGION TOURISTIQUE

Région de Québec
© (418) 641-6654
www.quebecregion.com

La rive nord du Saint-Laurent

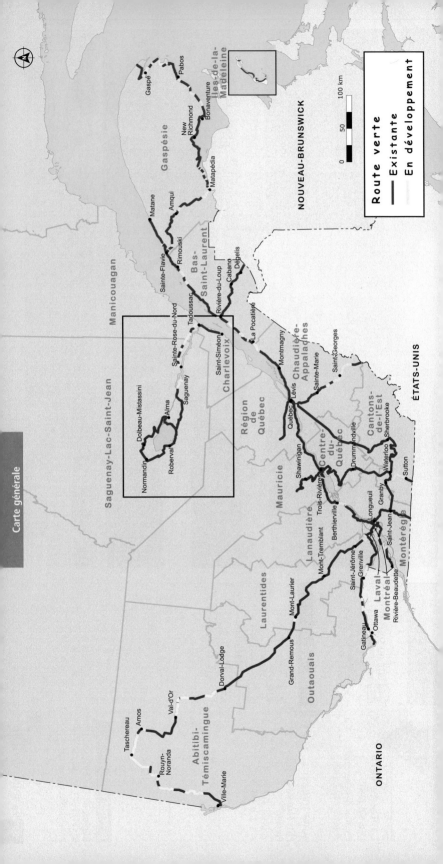

Carte générale

Route verte
— Existante
— En développement

0   50   100 km

NOUVEAU-BRUNSWICK

ÉTATS-UNIS

ONTARIO

Îles-de-la-Madeleine

Gaspésie

Pabos
Gaspé
Bonaventure
New Richmond
Matapédia
Amqui
Matane
Rimouski
Sainte-Flavie
Rivière-du-Loup
Cabano
Dégelis
La Pocatière

Bas-Saint-Laurent

Manicouagan

Tadoussac
Sainte-Rose-du-Nord
Saint-Siméon
Charlevoix

Saguenay–Lac-Saint-Jean

Dolbeau-Mistassini
Normandin
Roberval
Alma
Saguenay

Région de Québec

Montmagny
Lévis
Québec
Sainte-Marie
Saint-Georges

Chaudière-Appalaches

Shawinigan
Mauricie

Trois-Rivières
Berthierville
Drummondville
Centre-du-Québec

Cantons-de-l'Est
Waterloo
Sherbrooke
Granby
Sutton

Lanaudière

Mont-Tremblant
Saint-Jérôme
Grenville
Longueuil
Saint-Jean
Montérégie
Laval
Montréal

Laurentides

Mont-Laurier
Grand-Remous

Dorval-Lodge

Outaouais

Gatineau
Ottawa
Rivière-Beaudette

Val-d'Or
Amos
Taschereau
Rouyn-Noranda
Ville-Marie

Abitibi-Témiscamingue

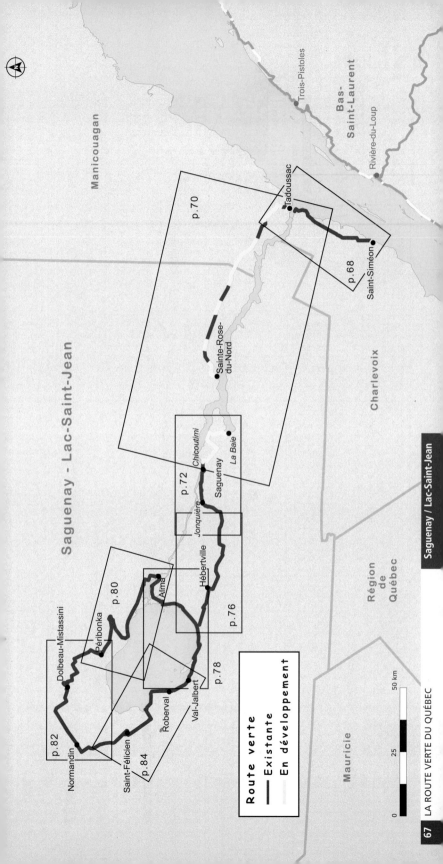

Saguenay - Lac-Saint-Jean

p. 70

p. 68

Tadoussac

Saint-Siméon

Sainte-Rose-du-Nord

Chicoutimi

La Baie

Saguenay

p. 72

Jonquière

Hébertville

p. 76

Alma

p. 80

Péribonka

Dolbeau-Mistassini

p. 82

Normandin

Saint-Félicien

p. 84

Roberval

Val-Jalbert

p. 78

Manicouagan

Trois-Pistoles

Bas-Saint-Laurent

Rivière-du-Loup

Charlevoix

Région de Québec

Mauricie

Route verte

Existante

En développement

Saguenay / Lac-Saint-Jean

0   25   50 km

67 LA ROUTE VERTE DU QUÉBEC

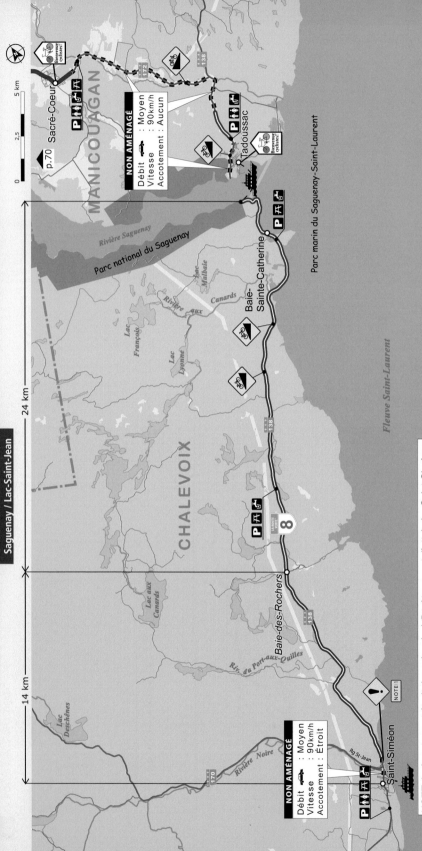

NOTE 1 : Accotement étroit de moins de 1,5 mètre avant d'atteindre Saint-Siméon.

NON AMÉNAGÉ
Débit : Moyen
Vitesse : 90 km/h
Accotement : Aucun

NON AMÉNAGÉ
Débit : Moyen
Vitesse : 90 km/h
Accotement : Étroit

MANICOUAGAN

CHARLEVOIX

Parc national du Saguenay

Parc marin du Saguenay-Saint-Laurent

Fleuve Saint-Laurent

Rivière Saguenay

Rivière aux Canards

Lac Malbaie

Lac François

Lac Lyonne

Lac aux Canards

Riv. du Port-aux-Quilles

Baie-des-Rochers

Rivière Noire

Lac Deschênes

Sacré-Cœur

Tadoussac

Baie-Sainte-Catherine

Saint-Siméon

Rg St-Jean

p. 70

Bienvenue cyclistes!

24 km

14 km

F. SAIA

SAINT-SIMÉON

pop. 1 452

🚣 **Traverse Rivière-du-Loup / Saint-Siméon**
Société des traversiers du Québec
(418) 862-5094

BAIE-SAINTE-CATHERINE

pop. 272

🚣 **Traverse Tadoussac / Baie-Sainte-Catherine**
Société des traversiers du Québec
1 877 787-7483

TADOUSSAC

pop. 857

🚣 **Traverse Tadoussac / Baie-Sainte-Catherine**
Société des traversiers du Québec
1 877 787-7483

 Bureau d'information touristique
197, rue des Pionniers
(418) 235-4744

CAMPING DOMAINE DES DUNES
★★★
585, ch. du Moulin-à-Baude
(418) 235-4843
www.domainedesdunes.com

SACRÉ-COEUR

pop. 2 106

LES QUATRE SAISONS
★
168, rue Principale Nord
(418) 236-9371

Saguenay / Lac-Saint-Jean

La Route verte

RÉGIONS TOURISTIQUES

Charlevoix
(418) 665-4454
1 800 667-2276
www.tourisme-charlevoix.com

Manicouagan
(418) 294-2876
1 888 463-5319
www.tourismecote-nord.com

Saguenay / Lac-Saint-Jean

SAGUENAY – LAC-SAINT-JEAN

NON AMÉNAGÉ

Débit	: Moyen
Vitesse	: 90km/h
Accotement	: Aucun

Sacré-Cœur

Rivière-
Sainte-Marguerite

Tadoussac

Baie-Sainte-Catherine

p. 68

CHARLEVOIX

Fleuve Saint-Laurent

MANICOUAGAN

138

NON AMÉNAGÉ

Débit	: Faible
Vitesse	: 90km/h
Accotement	: Aucun

8

172

Parc national
du Saguenay

Petit-Saguenay

L'Anse-
Saint-Jean

Bienvenue
cyclistes!

Rivière-Éternité

Parc national
du Saguenay

Parc marin du Saguenay–Saint-Laurent

Sagard

170

SAGUENAY – LAC-SAINT-JEAN

172

Sainte-Rose-du-Nord

Saint-Félix-d'Otis

Rivière Saguenay

170

NON AMÉNAGÉ

Débit	: Faible
Vitesse	: 90km/h
Accotement	: Aucun

172

Saint-
Fulgence

Parc national
des Monts-Valin

Le Petit Bras

NON AMÉNAGÉ

Débit	: Élevé
Vitesse	: 90km/h
Accotement	: Aucun

Saint-Honoré

p. 72

Chicoutimi

Ville de Saguenay

La Baie

Laterrière

Baie des
Ha! Ha!

Ha! Ha!

Ferland

381

Rivière à Mars

La Grosse

Grande-Baie

Boul. de la Grande-Anse

Boul. Saint-Joseph

Pointe de l'Anse-
à-Benjamin

41 km   46 km   15 km   23 km

0   5   10 km

F. SAIA

La Route verte

RÉGIONS TOURISTIQUES

Charlevoix
☎ (418) 665-4454
☎ 1 800 667-2276
www.tourisme-charlevoix.com

Saguenay–Lac-Saint-Jean
☎ (418) 543-9778
☎ 1 877 253-8387
www.saguenaylacsaintjean.net

Manicouagan
☎ (418) 294-2876
☎ 1 888 463-5319
www.tourismecote-nord.com

BAIE-SAINTE-CATHERINE
pop. 272

🚢 **Traverse Tadoussac /
Baie-Sainte-Catherine**
Société des traversiers
du Québec
1 877 787-7483

TADOUSSAC
pop. 857

🚢 **Traverse Tadoussac /
Baie-Sainte-Catherine**
Société des traversiers
du Québec
1 877 787-7483

❓ **Bureau d'information
touristique**
197, rue des Pionniers
(418) 235-4744

**CAMPING DOMAINE
DES DUNES**
★★★
585, ch. du
Moulin-à-Baude
(418) 235-4843
www.domainedesdunes.com

SACRÉ-COEUR
pop. 2 106

LES QUATRE SAISONS
★
168, rue Principale Nord
(418) 236-9371

Saguenay / Lac-Saint-Jean

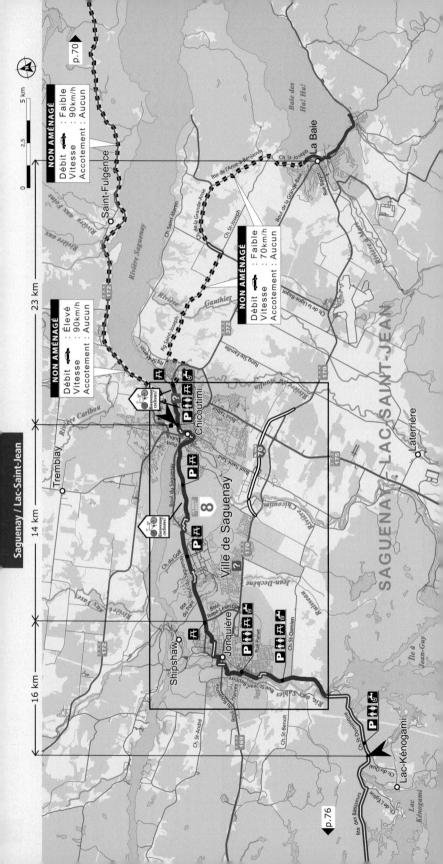

p.70

NON AMÉNAGÉ
Débit : Faible
Vitesse : 90km/h
Accotement : Aucun

NON AMÉNAGÉ
Débit : Faible
Vitesse : 70km/h
Accotement : Aucun

NON AMÉNAGÉ
Débit : Élevé
Vitesse : 90km/h
Accotement : Aucun

Saint-Fulgence

Rivière aux Foins

Rivière aux

Rivière Saguenay

Baie des
Ha! Ha!

La Baie

Ch. St-Joseph

Rte de l'Anse-Benjamin

Boul. de la Grande-Baie

Rue Bagot

Ch. de la Grande-Anse

Ch. Saint-Martin

Ch. St-Joseph

Rivière

Gauthier

Rang Ste-Famille

Ch. de la Ligne-Bagot

Rivière à Mars

Rg St-Joseph

Rg St-Martin

Rivière Caribou

Tremblay

Rivière aux Vases

Chicoutimi

Boul. Talbot

Pont
Dubuc

Boul. Saint-Paul

Shipshaw

Ch. du Golf

Rte du Pont

Boul. du Saguenay

Boul. René Lévesque

Rue Panet

Jonquière

Ch. St-Damien

Jean-Dechêne

Ville de Saguenay

8

Rivière Chicoutimi

Ruisseau

SAGUENAY - LAC-SAINT-JEAN

Laterrière

Île à
Jean-Guy

Ch. St-André

Rte des Sables

Rue St-Jean-Baptiste

Boul. René Harvey

Boul. Édouard

Ch. St-Benoît

Ch. de l'Église

Ch. du Quai

Lac-Kénogami

Lac
Kénogami

Rte des Bâtisseurs

Ch. Columbia

p.76

0 2,5 5 km

23 km   14 km   16 km

Bienvenue cyclistes!

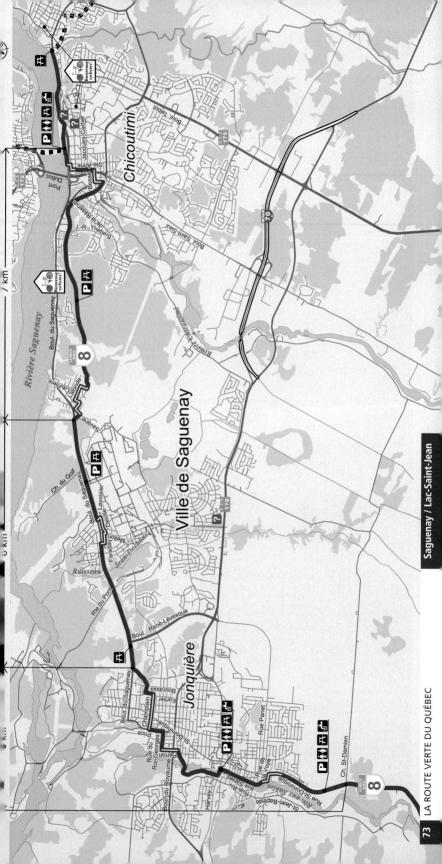

Saguenay / Lac-Saint-Jean

La Route verte™

SAGUENAY

pop. 147 197

Radio Taxi Saguenay enr.
(Chicoutimi)
(418) 545-4230

Bureau d'information touristique
455, rue Racine Est
bureau 101
1 800 463-9651

295, rue Racine Est
(418) 698-3167

2665, boul. du Royaume
1 800 561-9196

VÉLO PLEIN AIR GTH
251, rue de la Normandie
(418) 545-4747

SPORTS DAVIS
2854, Place Davis
(418) 548-9108

GENDRON BICYCLES
387, rue Price Est
(418) 543-2052
www.velocycle.com

SAGUENAY (SUITE)

INTERSPORT YVON BLACKBURN
1324, boul. Talbot
(418) 696-1730

ULTRA VIOLET
3595, boul. Harvey
(418) 542-9121
www.intercycle.ca/index2.htm

AUBERGE LE PARASOL
★★★
1287, boul. du Saguenay
Est (Chicoutimi)

LA MAISON DU SÉMINAIRE
Gîte du Passant certifié
★★★★
285, rue du Séminaire
(Chicoutimi)

MOTEL PANORAMIQUE
★★★
1303, boul. du Saguenay
Ouest (Chicoutimi)

RÉGION TOURISTIQUE

Saguenay–Lac-Saint-Jean
(418) 543-9778
1 877 253-8387
www.saguenaylacsaintjean.net

Saguenay / Lac-Saint-Jean

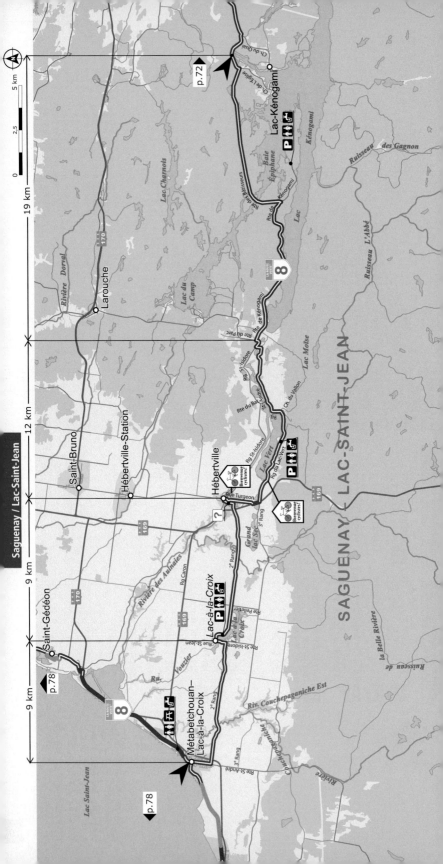

SAGUENAY · LAC-SAINT-JEAN

Lac-Kénogami

Larouche

Saint-Bruno

Hébertville-Station

Hébertville

Saint-Gédéon

Lac-à-la-Croix

Métabetchouan–Lac-à-la-Croix

p. 72

p. 78

p. 78

19 km

12 km

9 km

9 km

5 km

2,5

0

F. SAIA

La Route verte

La Route verte passe par...

Véloroute des Bleuets
☎ (418) 668-4541
☎ 1 866 550-4541
www.veloroute-bleuets.qc.ca

HÉBERTVILLE

pop. 2 405

? Bureau d'information touristique
150, route 169

AUBERGE PRESBYTÈRE MONT LAC-VERT
Auberge du Passant certifiée
★★★
335, rg du Lac-Vert
(418) 344-1548

LA TROTTEUSE
★★★
646, rue Villeneuve
(418) 344-4032
www.gitescanada.com/8888.html

MÉTABETCHOUAN–LAC-À-LA-CROIX

pop. 4 288

 BICYCLETTES GD
7, rue Mathieu
(418) 349-3795

RÉGION TOURISTIQUE

Saguenay–Lac-Saint-Jean
☎ (418) 543-9778
☎ 1 877 253-8387
www.saguenaylacsaintjean.net

Saguenay / Lac-Saint-Jean

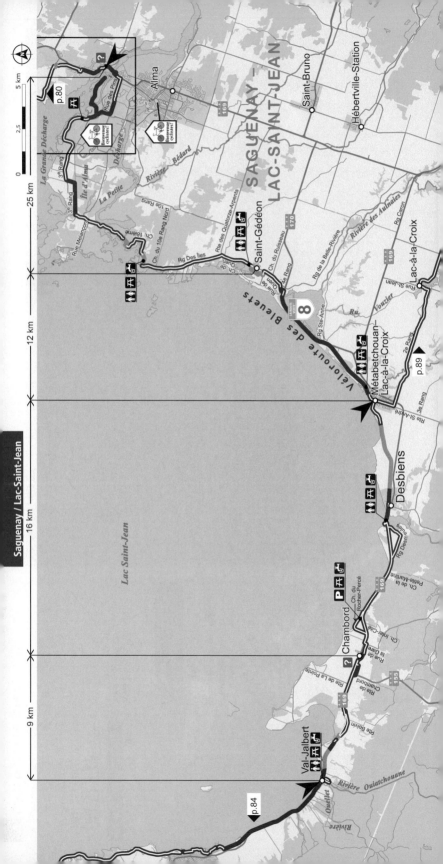

ALMA (SUITE)

COMPLEXE TOURISTIQUE DAM-EN-TERRE ALMA
★★★
1385, ch. de la Marina
(418) 668-3016
www.damentaire.qc.ca

ALMA
pop. 30450

Taxi Naudville 2000
(418) 662-6010

Traverse Alma (rivière la Grande-Décharge)
Complexe touristique
Dam-en-Terre
(418) 668-3016

? Bureau d'information touristique
1682, avenue du Pont-Nord
(418) 668-3611

ALMA BICYCLE
200, Rue Collard
(418) 662-7429

VÉLO CITÉ
703, chemin du Pont Taché Nord
(418) 662-2193

CAMPING COLONIE NOTRE-DAME
★★
700, ch. de la Baie-Moïse
(418) 662-9113
www.campingquebec.com/colonienotredame

CHAMBORD
pop. 1 689

? Bureau d'information touristique
1811, rue Principale
(418) 342-8337

MÉTABETCHOUAN–LAC-À-LA-CROIX
pop. 4 288

BICYCLETTES GD
7, rue Mathieu
(418) 349-3795

Saguenay / Lac-Saint-Jean

La Route verte™

La Route verte passe par…
Véloroute des Bleuets
(418) 668-4541
1 866 550-4541
www.veloroute-bleuets.qc.ca

RÉGION TOURISTIQUE

Saguenay-Lac-Saint-Jean
(418) 543-9778
1 877 253-8387
www.saguenaylacsaintjean.net

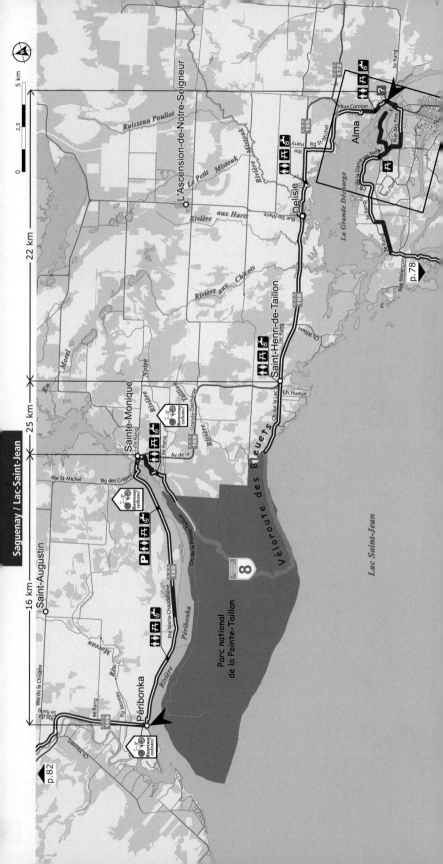

La Route verte passe par...

Véloroute des Bleuets
(418) 668-4541
1 866 550-4541
www.veloroute-bleuets.qc.ca

Parc national de la Pointe-Taillon
1 800 665-6527
www.sepaq.com

PÉRIBONKA
pop. 579

AUBERGÎTE AU PETIT BONHEUR ★★★
374, rue Plante
(418) 374-2328

CAMPING ÎLE DU REPOS ★★★
105, ch. de l'Île-du-Repos
(418) 347-5649

CAMPING MUNICIPAL DE PÉRIBONKA ★★★
330, 2e Avenue
(418) 374-9992

SAINTE-MONIQUE
pop. 902

CAMPING CENTRE TOURISTIQUE SAINTE-MONIQUE ★★★
900, 6e Rang Ouest
(418) 347-3124

RÉGION TOURISTIQUE

Saguenay-Lac-Saint-Jean
(418) 543-9778
1 877 253-8387
www.saguenaylacsaintjean.net

ALMA
pop. 30 450

Taxi Naudville 2000
(418) 662-6010

Traverse Alma (rivière la Grande-Décharge)
Complexe touristique Dam-en-Terre
(418) 668-3016

Bureau d'information touristique
1682, avenue du Pont-Nord
(418) 668-3611

ALMA BICYCLE
200, Rue Collard
(418) 662-7429

VÉLO CITÉ
703, chemin du Pont Taché Nord
(418) 662-2193

ALMA (SUITE)

CAMPING COLONIE NOTRE-DAME ★★
700, ch. de la Baie-Moïse
(418) 662-9113
www.campingquebec.com/colonienotredame

COMPLEXE TOURISTIQUE DAM-EN-TERRE ALMA ★★★
1385, ch. de la Marina
(418) 668-3016
www.damentaire.qc.ca

Saguenay / Lac-Saint-Jean

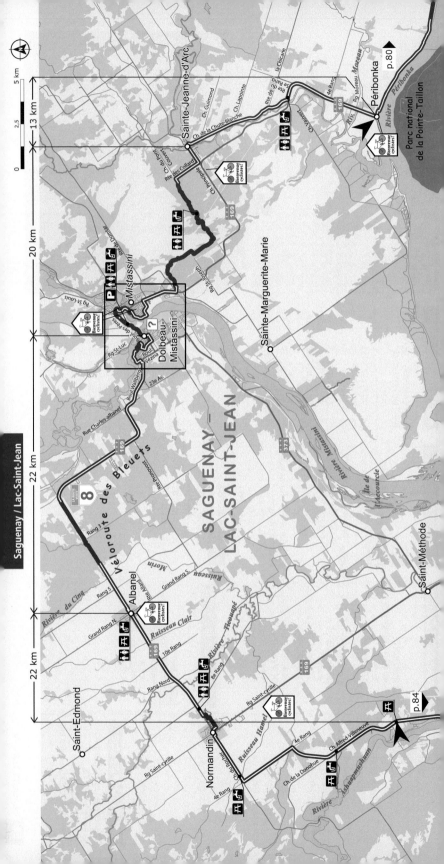

p. 80

p. 84

SAGUENAY –
LAC-SAINT-JEAN

Véloroute des Bleuets

Péribonka

Parc national
de la Pointe-Taillon

Sainte-Jeanne-d'Arc

Sainte-Marguerite-Marie

Mistassini

Dolbeau-
Mistassini

Saint-Méthode

Albanel

Saint-Edmond

Normandin

Saint-Cyrille

0   2,5   5 km

La Route verte passe par...

Véloroute des Bleuets
☎ (418) 668-4541
☎ 1 866 550-4541
www.veloroute-bleuets.qc.ca

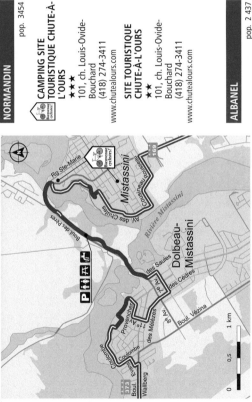

Saguenay / Lac-Saint-Jean

NORMANDIN
pop. 3454

CAMPING SITE TOURISTIQUE CHUTE-À-L'OURS
★★★
101, ch. Louis-Ovide-Bouchard
(418) 274-3411
www.chutealours.com

SITE TOURISTIQUE CHUTE-À-L'OURS
★★
101, ch. Louis-Ovide-Bouchard
(418) 274-3411
www.chutealours.com

ALBANEL
pop. 2 437

CHALETS CAMPING MUNICIPAL ALBANEL
★
307, rue de l'Église
(418) 279-3374

DOLBEAU-MISTASSINI
pop. 14 802

Cadoret Léo
(418) 276-3136

Bureau d'information touristique
400, boulevard des Pères

SPORTS BEN INC.
56, rue de Quen
(418) 276-7890

AUBERGE DU PETIT COUSIN
107, av. Boivin
(418) 276-8428

MOTEL CHUTE DES PÈRES
★★★
46, boul. Panoramique
(418) 276-1492
www.hotelier.qc.ca/chutedesperes/index.html

SAINTE-JEANNE-D'ARC
pop. 1099

GÎTE LE FRANC-NOR
★ ☀
513, rte 169
(418) 276-4751

PÉRIBONKA
pop. 579

AUBERGÎTE AU PETIT BONHEUR
★★★
374, rue Plante
(418) 374-2328

CAMPING ÎLE DU REPOS
★★★
105, ch. de l'Île-du-Repos
(418) 347-5649

CAMPING MUNICIPAL DE PÉRIBONKA
★★★
330, 2ᵉ Avenue
(418) 374-9992

RÉGION TOURISTIQUE

Saguenay-Lac-Saint-Jean
☎ (418) 543-9778
☎ 1 877 253-8387
www.saguenaylacsaintjean.net

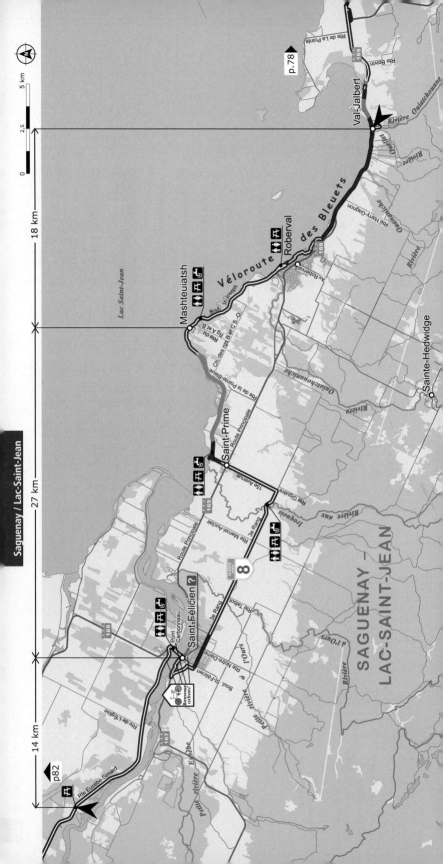

SAGUENAY –
LAC-SAINT-JEAN

Véloroute des Bleuets

Val-Jalbert

Roberval

Mashteuiatsh

Saint-Prime

Saint-Félicien

Sainte-Hedwidge

p.78

p82

14 km

27 km

18 km

5 km

2,5

0

Lac Saint-Jean

Rivière Ouiatchouane

Rivière Ouelle

Rivière Ouiatchouaniche

Rivière aux Iroquois

Rivière à l'Ours

Petite rivière Eusèbe

Rte de La Pointe

Rte Boivin

Rte Harry-Gagnon

Av. Roberval

Boul. St-Joseph

Rte du Rg 8 et Rg 4 et Rg B et C S.-O.

Ch. des Rg B et A

Rte de la Pointe-Bleue

Route Principale

1ère Avenue

Rte Cliguête

Rte Marcel-Auclair

3e Rang

2e Rang

Route Principale

3e Rang

Rte Talbot

Rte Notre-Dame à 10e rang

Boul. St-Félicien

Pont Carbonneau

Rte Eusèbe-Simard

Rte de l'Église

Bienvenue cyclistes!

169

169

169

169

167

8

SAINT-FÉLICIEN (SUITE)

LA MAISON DE CÈDRE
Gîte du Passant certifié
★ ★ ★ ★
1391, rue Bellevue Nord
(418) 679-0739
www.gites-classifies.qc.ca/cedre.htm

ROBERVAL
pop. 10 866

Bérubé Gerry
(418) 275-1421

INTERSPORT ROBERVAL
1221, boul. Marcotte
(418) 275 3744

FERLAC INC. ROBERVAL
255, boul. Marcotte
(418) 275 2356

SAINT-FÉLICIEN
pop. 10 535

La Route verte

La Route verte passe par…

Véloroute des Bleuets
(418) 668-4541
1 866 550-4541
www.veloroute-bleuets.qc.ca

Taxi Maurice Bernier
(418) 679-3636

Bureau d'information touristique
1209, boul. Sacré-Cour
(418) 679-9888

EXCELLENCE SPORTS SAINT-FÉLICIEN
1039, rue Carillion
(418) 679 1834

AU GÎTE HÉBERGEMENT GIRARD
★ ★ ★
1140, rue Boivin
(418) 679-1709

AUBERGE DES BERGES
Auberge du Passant certifiée
★ ★ ★
610, boul. du Sacré-Coeur
(418) 679-3346
www.auberge-des-berges.qc.ca

CHEZ MADO
★ ★
1305, rue Crémazie
(418) 679-4402
www.gitechezmado.com

RÉGION TOURISTIQUE

Saguenay–Lac-Saint-Jean
(418) 543-9778
1 877 253-8387
www.saguenaylacsaintjean.net

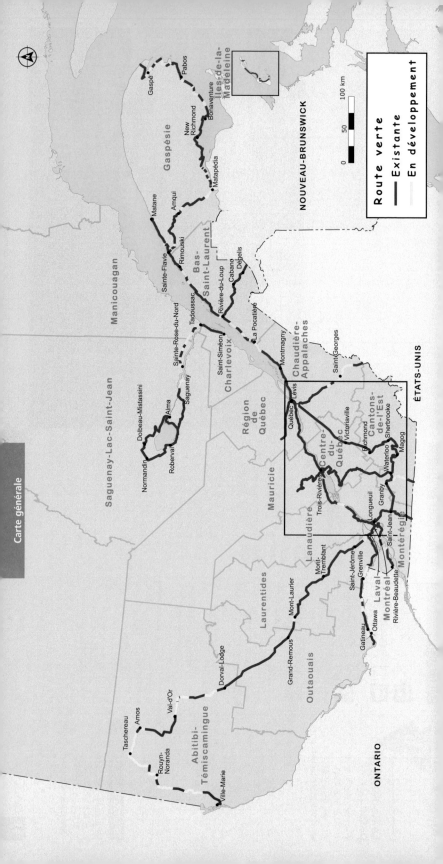

Carte générale

Route verte
— Existante
— En développement

0   50   100 km

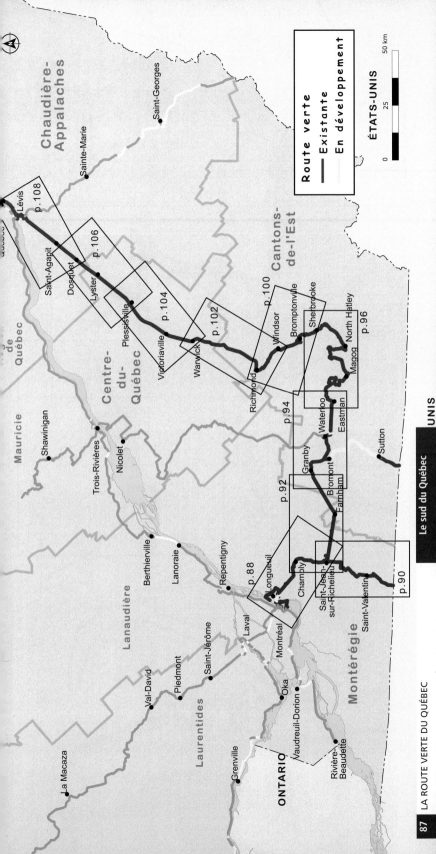

Route verte
— Existante
  En développement

ÉTATS-UNIS

0   25   50 km

Chaudière-
Appalaches

Saint-Georges

Sainte-Marie

Lévis p.108

Saint-Agapit
Dosquet
Lyster p.106

de Québec

Centre-
du-
Québec

Plessisville

Victoriaville p.104

Warwick p.102

Cantons-
de-l'Est

p.100
Windsor
Bromptonville
Sherbrooke
North Hatley
Magog p.96

Richmond

p.94
Waterloo
Eastman

Mauricie

Shawinigan

Trois-Rivières

Nicolet

Granby
p.92
Bromont
Farnham

Sutton

Berthierville

Lanoraie

Repentigny

p.88
Longueuil

Champly

Saint-Jean-
sur-Richelieu

p.90
Saint-Valentin

Lanaudière

Saint-Jérôme

Val-David
Piedmont

Laval

Montréal

Oka

Laurentides

La Macaza

Grenville

Vaudreuil-Dorion

Rivière-
Beaudette

ONTARIO

Montérégie

UNIS

Le sud du Québec

87   LA ROUTE VERTE DU QUÉBEC

Montréal p.26

p.444

p.92

Mont-Saint-Grégoire II
Montérégiade II

Mont-Saint-Grégoire

Saint-Jean-sur-Richelieu p.90

MONTÉRÉGIE

La Route des Champs

Piste cyclable Canal-de-Chambly

Rivière Richelieu

Marieville

Saint-Mathias-sur-Richelieu

Richelieu

Chambly

Bassin de Chambly

Boul. Briand

Ch. Chambly

Ch. Bellerive

Rue Pacific

Mountainview

Saint-Bruno-de-Montarville

Saint-Hubert

Montée du Fort-Chambly

Boul. Cousineau

Boul. Gaétan-Boucher

Rue Grande-Allée

Greenfield Park

Brossard

La Prairie

La Riveraine

Fleuve Saint-Laurent

Candiac

Delson

Sainte-Catherine

Piste cyclable des Berges

Pont Mercier

Pont Champlain

Saint-Lambert

Longueuil

Boul. Roland-Therrien

Ch. de Chambly

Boul. Curé-Poirier

Boul. J.-F.-Lafrenière

Boul. Vauquelin

Ch. Tremblay

Rue Notre-Dame

Boul. Marie-Victorin

Boul. Taschereau

EN CONSTRUCTION
PRINTEMPS 2006

NOTE 1

Christophe Colomb

Mont-Royal

Bassin de Chambly

Rue Bourgogne

Boul. Industriel

Piste cyclable Canal-de-Chambly

Rue Boucherville

Boul. Fréchette

Boul. Lebel

Boul. Briand

St-Joseph

Rue Doody

Salaberry

Brassard

Rue Ethel

Rue Daigneault

Rue de la Latitude

Chambly

Rng Kempt

Rue St-Josephe

4e Rang

3e Rang

Ch. Chambly

NOTE : L'accès à la passerelle se fait par des escaliers.

PAVILLON DU SPORT
1312, boul. Roland-Therrien
(450) 670-9851

VÉLO 2000
550, boul. Roland-Therrien
(450) 677-1339
www.velo2000.qc.ca

PHIL BICYCLES
995, rue Sainte-Hélène
(450) 928-0011

MÉCANO VÉLO LONGUEUIL
2466, chemin de Chambly
(450) 463-3574

CHAMBLY

pop. 21 063

Taxi Chambly
(450) 658-3000

VÉLO CHAMBLY ENR
1731, ave. Bourgogne
(450) 447-3450
www.velochambly.com

LONGUEUIL

pop. 38 149

Nic Taxi
(450) 646-6060

Traverse Longueuil-Montréal
Croisière AML
1-800-563-4643
Navette Longueuil / île Charron
Croisière NAVARK
(514) 871-8356

Bureau d'information touristique
205, chemin de Chambly
(450) 670 7293

ANDRÉ CYCLE ET SPORT
31, de Gentilly Ouest
(450) 674-8009

ANDRÉ PRIMEAU VÉLO
5775, boul. Taschereau
(450) 676-4142

BEAUSOLEIL CYCLE SPORTS INC.
1833, rue Saint-Pierre
(450) 672-6718

CYCLES ET SPORT CASTONGUAY
667, rue Victoria
(450) 671-8027

Montréal

Boul. Jacques-Cartier

Boul. Jean-Paul-Vincent

Parc régional de Longueuil

Ch. du Lac

Ch. Tremblay

Boul. Roland-Therrien

Roberval

Boul. Vauquelin

Cuvillier

NOTE:1

Fleuve Saint-Laurent

Prom. René-Lévesque

Longueuil

Ch. de Chambly

Jacques-Cartier

Desmarchais

116

Longueuil (Saint-Hubert)

Boul. Edna

1 km

0,5 km

Ste-Foy

Rue Grant

Boul. Curé-Poirier

Nobert

Beaugard

Grande-Allée

Kimber

EN CONSTRUCTION PRINTEMPS 2006

Rue LaSalle

Boul. Jean-Paul-Vincent

Boul. Taschereau

134

Métro Longueuil

Desaulniers

Rue St-Charles

Longueuil (Saint-Lambert)

Ch. Tiffin

Prom. Riveraine

La Riveraine

Rue St-Louis

Rue Victoria

112

20

Pont Jacques-Cartier

Navette

Île Sainte-Hélène

Île Notre-Dame

Pont Victoria

La Route verte

La Route verte passe par...

Piste cyclable
du Canal-de-Chambly
☎ (450) 447-4888
☎ 1 800 463-6769

Montérégiade I
☎ (450) 293-3178
Montérégiade II
☎ (450) 293-3178

AUTRES ITINÉRAIRES

La Riveraine
☎ (450) 670-7293

La Route des Champs
☎ (450) 469-2777

RÉGION TOURISTIQUE

Montérégie
☎ (450) 469-0069
☎ 1 866 469-0069
www.tourisme-monteregie.qc.ca

Le sud du Québec

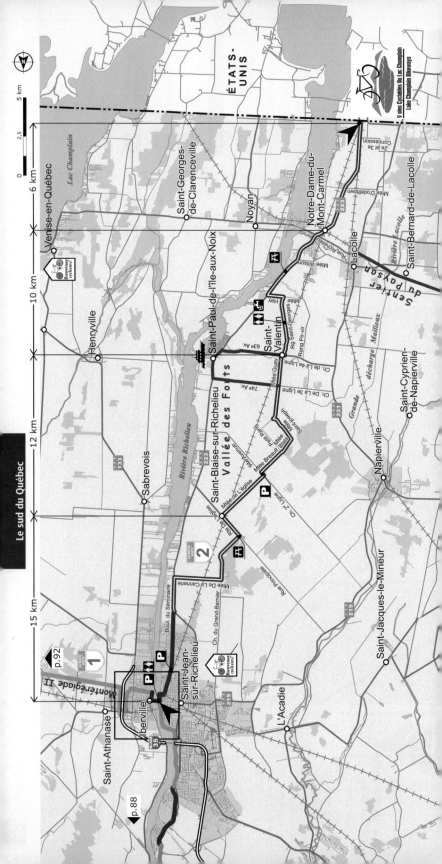

Le sud du Québec

ÉTATS-UNIS

Lac Champlain

Venise-en-Québec

Saint-Georges-de-Clarenceville

Noyan

Henryville

Saint-Paul-de-l'Île-aux-Noix

Notre-Dame-du-Mont-Carmel

Lacolle

Saint-Bernard-de-Lacolle

Saint-Valentin

Rivière Lacolle

Sentier du Paysan

Sabrevois

Saint-Blaise-sur-Richelieu

Vallée des Forts

Napierville

Saint-Cyprien-de-Napierville

Rivière Richelieu

Rang Pir-vir

Rd Saint-Georges

Mtée Hay

Mtée Wilson

Rue Richelieu

Rue Wilson

Ch. de la 4e Ligne

Ch. De La 3e Ligne

74e Av.

63e Av.

Mtée Guay

Mtée Saint-Joseph

Petit Franc

Rue De L'église

Mtée De L'église

Saint-Avenue

Mtée Breault Blais

Ch. 2e Ligne

décharge Mailloux

Grande

Saint-Jacques-le-Mineur

Rue Principale

Mtée De La Canerie

Ch. du Grand-Bernier

Boul. du Séminaire

L'Acadie

Saint-Jean-sur-Richelieu

Iberville

Saint-Athanase

Montérégiade II

Bienvenue cyclistes!

p. 92

p. 88

0 2.5 5 km

6 km   10 km   12 km   15 km

pop. 83 900

Taxi du Haut Richelieu
(450) 346-6666

Bureau d'information touristique
31, rue Frontenac
(450) 542-9090

MESSIER BICYCLETTES ENR.
227, rue Saint-Jacques
(450) 347 4925

VÉLOZONE ENR.
258, rue Richelieu
(450) 357-9229

AUX CHANTS D'OISEAUX
Gîte du Passant certifié

✿✿✿
310, Petit Bernier
(450) 346-4118

SAINT-PAUL-DE-L'ÎLE-AUX-NOIX
pop. 1 988

Croisière Saint-Jean-sur-Richelieu - Fort Lennox
Les Croisières Richelieu inc.
1 800 361-6420

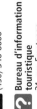

Saint-Jean-sur-Richelieu

Piste du Canal de Chambly

Rive Champlain
Rue du Quai
Rue Laurier
Gouin
Pont Gouin
Bellerive
Rue Champlain
Rue Bellerive
Av. Héroux
2e Av.
Samuel-de-Champlain
Boul. D'Iberville
Av. Lareau
Rue Jacques-Cartier
Towner
anier
99 Av.
Rue Yvon
Savoy
Rue Croisetière
Thomas
Rue Industriel
Montérégiad

Rivière Richelieu

35

0   0,5   1 km

La Route verte

La Route verte passe par...

Montérégiade II
(450) 293-3178

Vallée des Forts
(450) 542-9090

AUTRE ITINÉRAIRE
Le sentier du Paysan

ITINÉRAIRE CYCLABLE AUX ÉTATS-UNIS
Lake Champlain Bikeways
(802) 652-BIKE
www.champlainbikeways.org

RÉGION TOURISTIQUE

Montérégie
(450) 469-0069
1 866 469-0069
www.tourisme-monteregie.qc.ca

Le sud du Québec

Le sud du Québec

p.94

Granby

Saint-Alphonse

Adamsville

CANTONS-
DE-L'EST

Boul Industriel

2e au 3e Rang

Ch. Gagné

4e Rang

Saint-Paul-d'Abbotsford

Mont
Yamaska

Rg Saint-Georges

Ch n de La Grande-Ligne

Rg Casimir

Rg Saint-Charles

Montérégiade I

5 km

2,5

0

6 km

13 km

26 km

Saint-Césaire

112

Rougemont

MONTÉRÉGIE

Ange-Gardien

235

1

Farnham

235

Saint-Alexandre

Marieville

10

Sainte-Angèle-
de-Monnoir

La Route des Champs

Mont
Saint-Grégoire

Mont-Saint-Grégoire

104

Sainte-Brigide-
d'Iberville

9e Rang

8e Rang

Rue St-Joseph

Mtée Versailles

8e Rang

Rg des Soixante

Montérégiade II

Rg Lareau

Rg Kempt

4e Rang

Ch. De La Grande-Ligne

Saint-
Athanase

3e Rang

Piste cyclable du Canal-de-Chambly

p.88

223

Av. du Parc

1

35

Saint-Jean-
sur-Richelieu

133

Rivière Richelieu

Rue Jacques-Cartier

Séminaire

223

Boul. du

Mtée de la Cannerie

p.90

2

La Route verte passe par...

Piste cyclable
du Canal-de-Chambly
℡ (450) 447-4888
℡ 1 800 463-6769

Montérégiade I et II
℡ (450) 293-3178

AUTRES ITINÉRAIRES

La Route des Champs
℡ (450) 469-2777

RÉGIONS TOURISTIQUES

Montérégie
℡ (450) 469-0069
℡ 1 866 469-0069
www.tourisme-
monteregie.qc.ca

Cantons-de-l'Est
℡ (819) 820-2020
℡ 1 800 355-5755
www.cantonsdelest.com

SAINT-JEAN-SUR-RICHELIEU

pop. 83 900

Taxi du Haut Richelieu
(450) 346-6666

Bureau d'information touristique
31, rue Frontenac
(450) 542-9090

MESSIER BICYCLETTES ENR.
227, rue Saint-Jacques
(450) 347 4925

VÉLOZONE ENR.
258, rue Richelieu
(450) 357-9229

AUX CHANTS D'OISEAUX
Gîte du Passant certifié
★ ★ ★ ★
310, Petit Bernier
(450) 346-4118

FARNHAM

pop. 7 946

Taxi C Valcourt
(450) 293-5634

Saint-Jean-
sur-Richelieu

Farnham

Le sud du Québec

La Route verte passe par...

L'Estriade
☎ (450) 360-9794
www.estriade.com

La Montagnarde
☎ (819) 843-8744

La Campagnarde
☎ (819) 477-5529

Parc national de la Yamaska
Parc national du Mont-Orford
☎ 1 800 665-6527
www.sepaq.com

AUTRE ITINÉRAIRE

La Granbyenne
☎ 1 800 567-7273

RÉGION TOURISTIQUE

Cantons-de-l'Est
☎ (819) 820-2020
☎ 1 800 355-5755
www.cantonsdelest.com

GRANBY

pop. 45 888

Taxi Union Granby enr.
(450) 372-6464

À BICYCLETTES MOMO SPORTS
192, Denison Est
(450) 372-9066

AUBERGE B&B DU ZOO
Gîte du Passant certifié
★ ★ ★
347, rue Bourget Ouest
(450) 378-6161
www.aubergeduzoo.com

B & B CHAT L'HEUREUX
★ ★ ★
85, rue Jeanne-d'Arc
(450) 375-9078
www.gitescanada.com/8749.html

GRANBY (SUITE)

LA MAISON DUCLAS
Gîte du Passant certifié
★ ★ ★
213, rue du Nénuphar
(450) 360-0641
www.maisonduclas.com

LE SAINT-CHRISTOPHE, HÔTEL BOUTIQUE ET SPA
★ ★ ★ ★
255, rue Denison Est
(450) 405-4782
www.hotelstchristophe.com

SHEFFORD

pop. 5 325

L'OASIS DU CANTON
Gîte du Passant certifié
★ ★ ★
200, ch. Lequin
(450) 539-2212
www.gitescanada.com/3854.html

WATERLOO

pop. 4 265

LE GÎTE DU PATRIMOINE
Gîte du Passant certifié
★ ★ ★
733, rue Western
(450) 539-2733
www.gitescanada.com/8354.html

LES MATINS DE VICTORIA
Gîte du Passant certifié
★ ★ ★
950, rue Western
(450) 539-5559
www.lesmatinsdevictoria.com

O'BERGE DU PIGNON
★ ★ ★
4805, rue Foster
(450) 539-4343
www.gitescanada.com/7471.html

Le sud du Québec

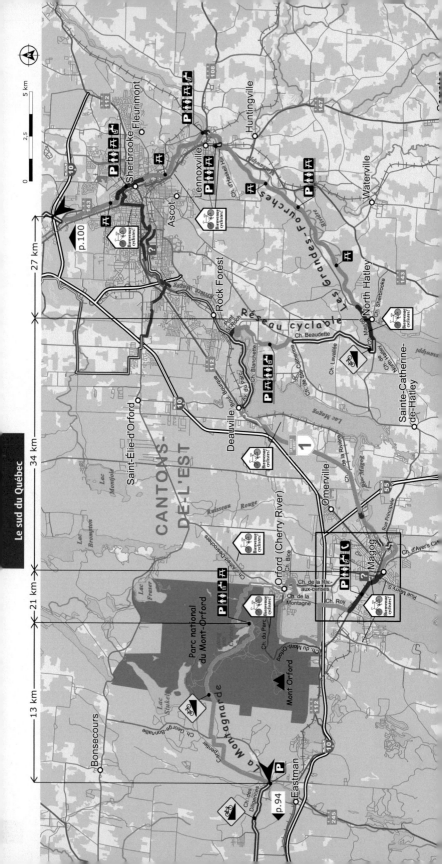

MAGOG (SUITE)

LA MAISON DREW
★ ★ ★
206, rue des Pins
(819) 843-8480
www.maisondrew.com

MOTEL DE L'OUTLET
★ ★
480, rue de Hatley Ouest
(819) 847-2609

NORTH HATLEY
pop. 780

À LA MAISON CHOQUETTE
Bienvenue cyclistes!
★ ★ ★
3112, ch. Capelton
(819) 679-0987
www.northhatleyrentals.com/cap3112.shtml

LA CANARDIÈRE
★ ★ ★
400, ch. de la Rivière
(819) 842-2279
www.bbcanada.com/canardiere

LE CACHET
Gîte du Passant certifié
★ ★ ★
3105, ch. Capelton
(819) 842-4994

LILI MORGANE
★ ★ ★
4215, ch. Magog
(819) 842-4208
www.lilimorgane.com

MAGOG (SUITE)

Bureau d'information touristique
55, rue Cabana
(819) 843-2744

GUY BOMBARDIER BICYCLES ENR.
20, rue Edouard Ouest
(819) 843-4802

AU MANOIR DE LA RUE MERRY
Gîte du Passant certifié
Bienvenue cyclistes!
★ ★ ★
92, rue Merry Sud
(819) 868-1860
www.manoirmerry.com

AU REFRAIN DES TEMPS
★ ★
365, ch. des Pères
(819) 847-1116
www.gitescanada.com/4412.html

AU VIRAGE
Gîte du Passant certifié
★ ★ ★
172, rue Merry Nord
(819) 868-5828

CONDOS MEMPHRÉMAGOG
★ ★ ★ ★
261, rue Merry Sud,
(450) 799-3084
www.magogcondo.com

ORFORD
pop. 2 956

AU CHANT DU COQ
Bienvenue cyclistes!
★ ★ ★
2387, ch. du Parc
(819) 843-2247

À L'AUBERGE DE LA TOUR ET SPA
★ ★ ★
1837, ch. Alfred-DesRochers
(819) 868-0763
www.auberge-de-la-tour.com

MAGOG
pop. 23 105

Taxi Magog Orford Inc
(819) 843-3377

Magog

Le sud du Québec

La Route verte

La Route verte passe par...

La Montagnarde
☏ (819) 843-8744

Le Réseau cyclable
Les Grandes-Fourches
☏ (819) 821-1919
☏ 1 800 561-8331

Parc national du Mont-Orford
☏ 1 800 665-6527
www.sepaq.com

RÉGION TOURISTIQUE

Cantons-de-l'Est
☏ (819) 820-2020
☏ 1 800 355-5755
www.cantonsdelest.com

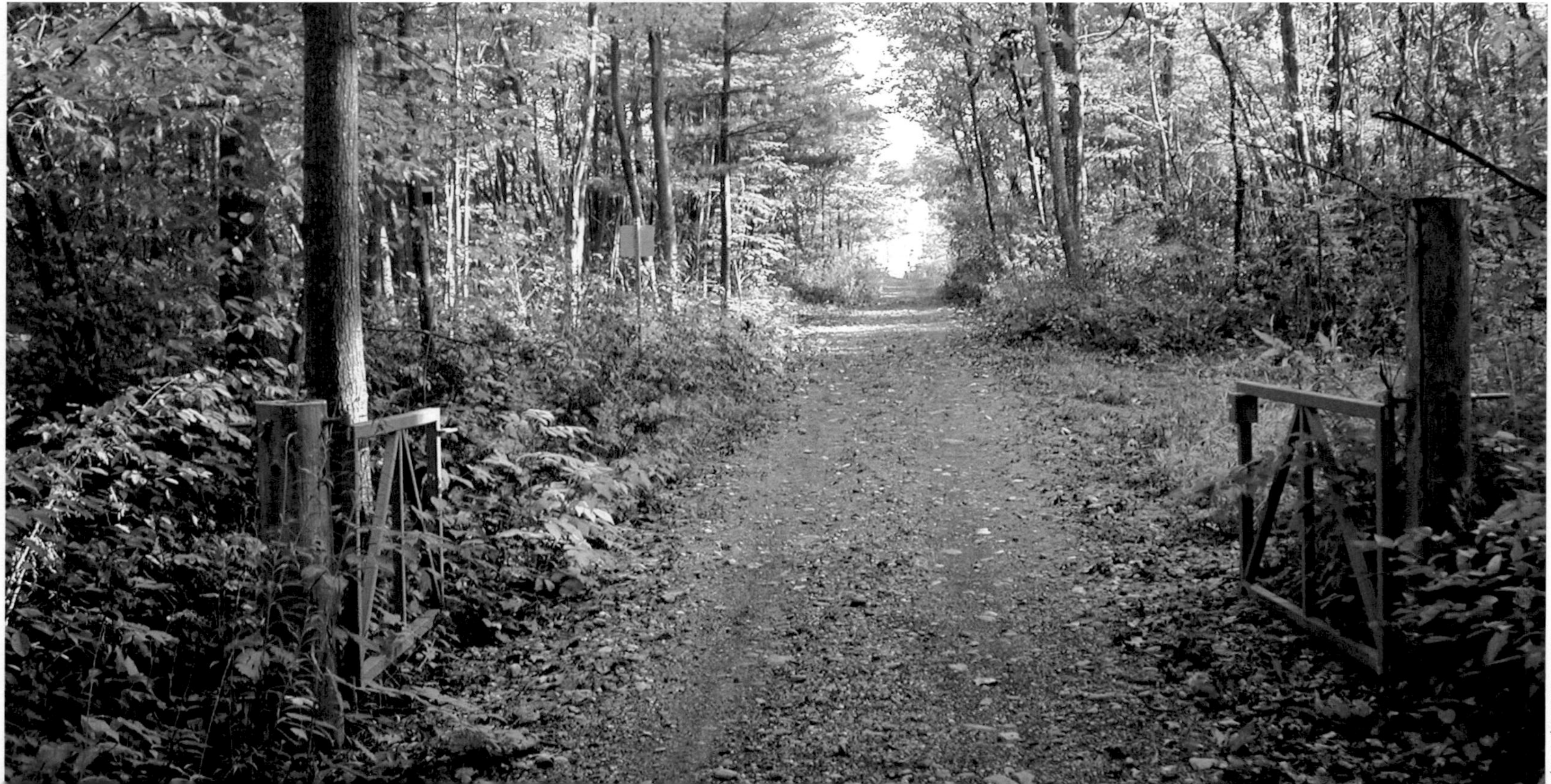

VÉLO QUÉBEC ASSOCIATION

La Route verte

La Route verte passe par...

La Montagnarde
☎ (819) 843-8744

Le Réseau cyclable
Les Grandes-Fourches
☎ (819) 821-1919
☎ 1 800 561-8331

Parc national du Mont-Orford
☎ 1 800 665-6527
www.sepaq.com

SHERBROOKE

pop. 145 224

🚖 Taxis de Sherbrooke inc
(819) 562-7752

❓ Bureau d'information touristique
20, rue Don-Bosco Sud
1 800 355-5755

🚲 LES BICYCLETTES GINGRAS
10, 10ᵉ Avenue Sud/750, King Est
(819) 822-0336
www.mediaweb.ca/
bicyclettesgingras/

LA RANDONNÉE
2325, rue King Ouest
(819) 566-8882

SPORT 4 SAISONS
429, rue Conseil
(819) 562-8116
www.pro-cycle.ca

VÉLO SHERMONT
1137, 12ᵉ Avenue Nord
(819) 563-7776

VÉLOMANIA INC.
11, rue Léger
(819) 822-0237
www.velomania.qc.ca

SHERBROOKE (SUITE)

GÎTE PETIT NID ET DÉJEUNER
Gîte du Passant certifié
✿✿✿✿✿
74, boul. Queen Nord
(819) 573-0720
www.gitescanada.com/7074.htm

LA MARQUISE
★★★
350, rue Queen

LES MATINS D'ANTOINE
✿✿✿
39, rue Queen

LA MAISON ORIENTALE
131, rue des Villas

RÉGION TOURISTIQUE

Cantons-de-l'Est
☎ (819) 820-2020
☎ 1 800 355-5755
www.cantonsdelest.com

Le sud du Québec

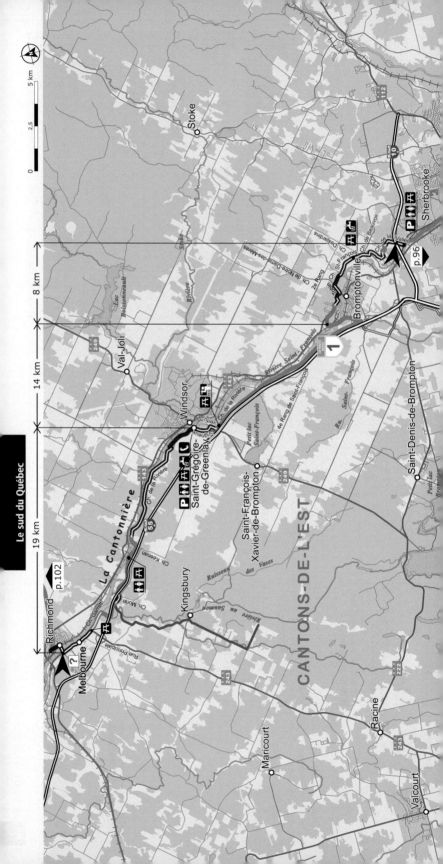

p.102

p.96

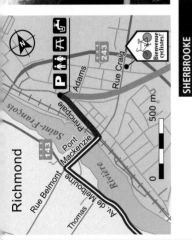

Richmond

143

Pont Mackenzie

Rue Belmont

Av. de Melbourne

Thomas

Rivière

Saint-François

Principale

Adams

Rue Craig

243

P 🚻 🍴 🚻

Bienvenue cyclistes!

0 — 500 m

La Route verte

La Route verte passe par...

La Cantonnière
☎ (819) 845-7871

Le Réseau cyclable
Les Grandes-Fourches
☎ (819) 821-1919
☎ 1 800 561-8331

RÉGION TOURISTIQUE

Cantons-de-l'Est
☎ (819) 820-2020
☎ 1 800 355-5755
www.cantonsdelest.com

SHERBROOKE

pop. 145 224

🏨 Taxis de
Sherbrooke inc
(819) 562-7752

ℹ️ Bureau d'information
touristique
20, rue Don-Bosco Sud
1 800 355-5755

🚲 LES BICYCLETTES
GINGRAS
10, 10ᵉ Avenue Sud/750,
King Est
(819) 822-0336
www.mediaweb.ca/
bicyclettesgingras/

SHERBROOKE (SUITE)

🚲 LA RANDONNÉE
2325, rue King Ouest
(819) 566-8882

SPORT 4 SAISONS
429, rue Conseil
(819) 562-8116
www.pro-cycle.ca

VÉLO SHERMONT
1137, 12ᵉ Avenue Nord
(819) 563-7776

VÉLOMANIA INC.
11, rue Léger
(819) 822-0237
www.velomania.qc.ca

SHERBROOKE (SUITE)

🏠 GÎTE PETIT NID
ET DÉJEUNER
Gîte du Passant certifié
❋❋❋ ❋
❋ 74, boul. Queen Nord
(819) 573-0720
www.gitescanada.com/7074.htm

LA MARQUISE
★★★
350, rue Queen

LES MATINS
D'ANTOINE
❋ ❋
❋ 39, rue Queen

WINDSOR

pop. 5 397

🏨

🏨 Taxi Windsor
(819) 845-2929

RICHMOND

pop. 3 471

🏨

◇ MOTEL LE MARQUIS
Bienvenue cyclistes! DE RICHEMONT
★★
836, rue Craig Est
(819) 826-3765

Le sud du Québec

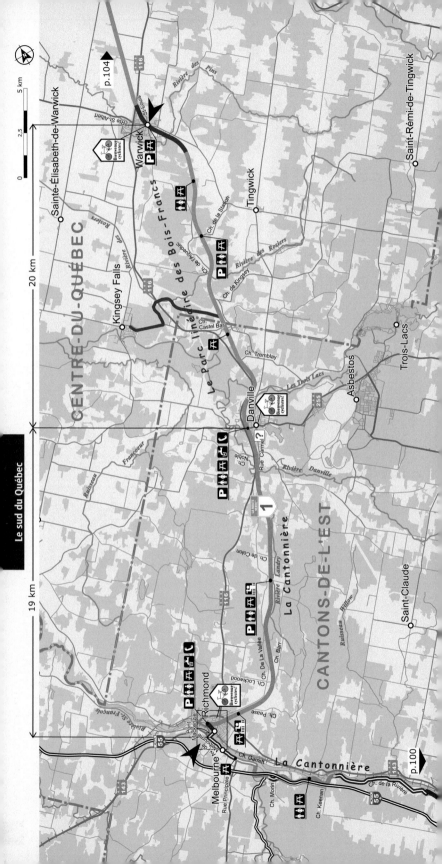

VICTORIAVILLE 13
QUÉBEC 124
LÉVIS 123

DANVILLE

pop. 4 229

Bureau d'information touristique
12, route 116 Ouest

HÔTEL-MOTEL ST-RÉGIS
★
1435, rte 116
(819) 839-3398

MAISON MC-CRACKEN
Gîte du Passant certifié
✿ ✿ ✿
126, rue Grove
(819) 839-2963
www.maison-mc-cracken.com

WARWICK

pop. 4 851

CENTRE DU SPORT
161, Saint-Louis
(819) 358-6166

PLAISIRS PARTAGÉS
✿ ✿
164, rue Saint-Louis
(819) 358-9560
www.plaisirspartages.qc.ca/

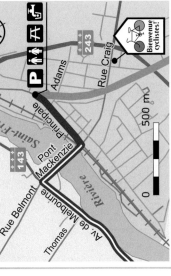

Richmond

143

Rue Belmont

Av. de Melbourne

Thomas

Rivière

Pont Mackenzie

Saint-François

Principale

Adams

Rue Craig

243

Bienvenue cyclistes!

0   500 m

RICHMOND

pop. 3 471

MOTEL LE MARQUIS DE RICHEMONT
★★
836, rue Craig Est
(819) 826-3765

La Route verte™

La Route verte passe par...

La Cantonnière
(819) 845-7871

Le Parc linéaire
des Bois-Francs
(819) 758-6414

RÉGIONS TOURISTIQUES

Cantons-de-l'Est
(819) 820-2020
1 800 355-5755
www.cantonsdelest.com

Centre-du-Québec
(819) 364-7177
1 888 816-4007
www.tourismecentreduquebec.com

Le sud du Québec

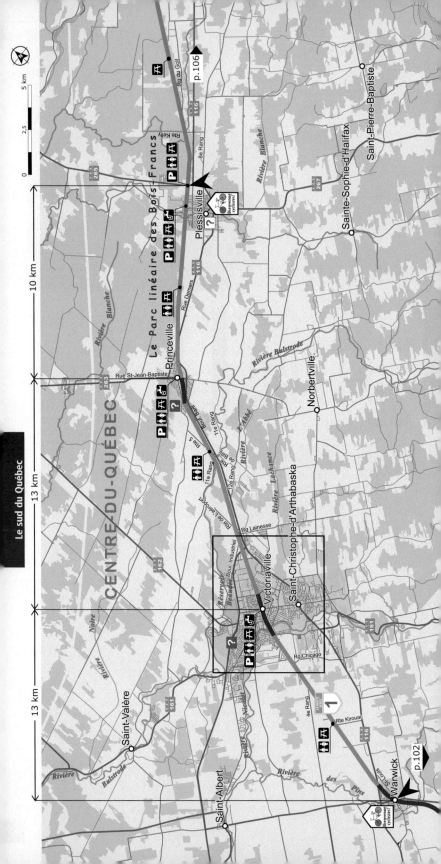

La Route verte

La Route verte passe par...

Le Parc linéaire
des Bois-Francs
© (819) 758-6414

WARWICK
pop. 4 851

🚖 **CENTRE DU SPORT**
161, Saint-Louis
(819) 358-6166

PLAISIRS PARTAGÉS ★★★
164, rue Saint-Louis
(819) 358-9560
www.plaisirspartages.qc.ca/

VICTORIAVILLE
pop. 40 105

🚖 **Taxi Vétérans**
Victoriaville (1984) Inc
(819) 752-2222

❓ **Bureau d'information touristique**
122, rue de l' Aqueduc
(819) 758 6371

🚲 **RENO SPORT**
236, rue Notre-Dame Est
(819) 752-6331

GIROUARD LA SOURCE DU SPORTS
260, rue Notre-Dame Est
(819) 758-1551

VICTORIAVILLE (SUITE)

🚲 **SARTO GAGNÉ SPORTS**
135, boul. Gamache
(819) 752-5325

VÉLO PLEIN AIR
114, boul. des
Bois Franc Nord
(819) 758-4277

PLANÈTE SPORTS
11, boul. Jutras Est
(819) 357-3677

LES MÉCANOS DU VÉLO
90, boul. Jutras Est
(819) 758-2225

SPORTS EXPERTS
119, rue Notre-Dame Est
(819) 758-7766

PRINCEVILLE
pop. 5 753

❓ **Bureau d'information touristique**
20, boulevard Carignan
Ouest
1 888 816 4007

🚲 **CYCLO PRINCE**
56, Monseigneur-Poirier
(819) 364 2857

PLESSISVILLE
pop. 6 725

🚖 **Taxi De L'Erable**
(819) 362-0212

❓ **Bureau d'information touristique**
1280, avenue Trudelle

LA MAISON DOUCE ★★★
1326, rue Saint-Calixte
(819) 362-2896
membres.lycos.fr/lamaisondouce

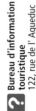

Victoriaville

RÉGION TOURISTIQUE

Centre-du-Québec
© (819) 364-7177
© 1 888 816-4007
www.tourismecentreduquebec.com

Le sud du Québec

105 LA ROUTE VERTE DU QUÉBEC

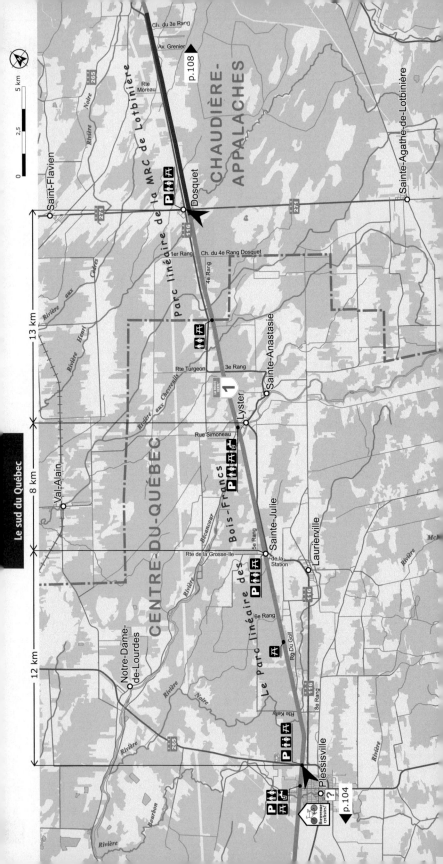

PLESSISVILLE

pop. 6 725

La Route verte passe par...

Le Parc linéaire
des Bois-Francs
☎ (819) 758-6414

Parc linéaire de la MRC
de Lotbinière
☎ (418) 926-2205 poste 210

🚕 **Taxi De L'Erable**
(819) 362-0212

❓ **Bureau d'information touristique**
1280, avenue Trudelle

⭐⭐⭐ **LA MAISON DOUCE**
1326, rue Saint-Calixte
(819) 362-2896
membres.lycos.fr/lamaisondouce

RÉGION TOURISTIQUE

Centre-du-Québec
☎ (819) 364-7177
☎ 1 888 816-4007
www.tourismecentreduquebec.com

Chaudière-Appalaches
☎ (418) 831-4411
☎ 1 888 831-4411
www.chaudiereappalaches.com

Le sud du Québec

107 LA ROUTE VERTE DU QUÉBEC

CHAUDIÈRE-APPALACHES

parc linéaire Le Grand Tronc

Véloroute de la Chaudière

Fleuve Saint-Laurent

Cap-Rouge
Sillery
Sainte-Foy
Saint-Romuald
LÉVIS
Saint-Jean-Chrysostome
Breakeyville
Saint-Lambert-de-Lauzon
Charny
Saint-Rédempteur
Saint-Étienne-de-Lauzon
Saint-Nicolas
Saint-Antoine-de-Tilly
Saint-Apollinaire
Saint-Agapit
Issoudun
Laurier-Station
Dosquet

Pont de Québec
Pont Pierre-Laporte
Pont Marie-Victorin
Rte Marie-Victorin
Av. du Viaduc
Rue Principal
Ch. de l'Église
Ch. Beaulieu
Rte Lagueux
Ch. Craig
Rue Bergeron
Ch. du 2e Rang
Ch. du 3e Rang
Av. Grenier
Rte Moreau
Rte des Érables
Ch. Bélair
Rue du Pont

Rivière Rouge
Rivière Noire
Rivière Beaurivage
Rivière Bourret
Ruisseau Beaudet
Rivière aux Pins
Ruisseau Saint-Patrice

Bienvenue cyclistes!

p.136
p.91
p.106

0 2.5 5 km

132
20
73
116
269
273
271

1
8

La Route verte passe par...

Parc linéaire Le Grand Tronc
☎ (418) 832-2496

Véloroute de la Chaudière
☎ (418) 386-2599
www.velouroutedelachaudiere.com

RÉGION TOURISTIQUE

Chaudière-Appalaches
☎ (418) 831-4411
☎ 1 888 831-4411
www.chaudiereappalaches.com

NON AMÉNAGÉ
Débit : Élevé
Vitesse : 50km/h
Accotement : Aucun

LÉVIS
pop. 126 396

🚕 Taxi 4000 Inc
(418) 833-4112

⛴ Traverse Québec / Lévis
Société des traversiers du Québec
1 877 787-7483

LÉVIS (SUITE)

Bureau d'information touristique
❓ 3300, avenue Joseph-Hudon

❓ 800, autoroute Jean-Lesage
1 888 831-4411
800, autoroute Jean-Lesage
(418) 831-4411

LÉVIS (SUITE)

🚲 **J.H. LAMONTAGNE**
5690, rue Saint-Georges
(418) 837-2493
www.jhlamontagne.com/accueil/index.html

DEMERS ET FILS
3926, rue Saint-Georges
(418) 837-5640
www.lacordee.com

ACTION VÉLO SKI SERVICE
2560, chemin du Fleuve
(418) 834-7666

SPORTS EXPERTS
Galeries Chagnon 1200, Alphonse Desjardins
(418) 835-1088

LA MAISON SOUS L'ORME
Gîte du Passant certifié
★★★
1, rue Saint-Félix
(418) 833-0247
www.geocities.com/sousorme

CAMPING KOA QUÉBEC
★★★★
684, ch. Olivier
(418)831-1813
www.koa.com/intl/

HÔTEL STASTNY
★★★
537 route Marie-Victorin
(418) 836-1259
www.golfhotelstastny.com

Le sud du Québec

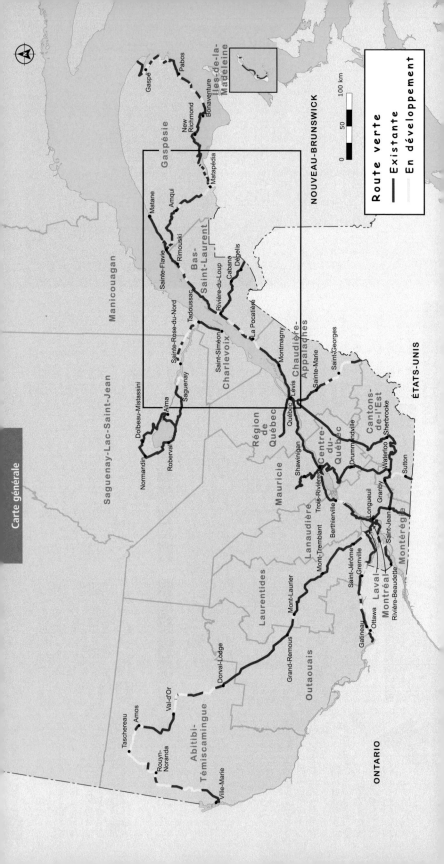

Carte générale

Route verte
Existante
En développement

0 50 100 km

NOUVEAU-BRUNSWICK

ÉTATS-UNIS

ONTARIO

Îles-de-la-Madeleine

Gaspésie

Pabos
Gaspé
New Richmond
Bonaventure
Matapédia
Amqui
Matane
Rimouski
Sainte-Flavie
Bas-Saint-Laurent
Cabano
Dégelis
Rivière-du-Loup
Tadoussac
Sainte-Rose-du-Nord
Saint-Siméon
Charlevoix
Saint-Jean
Saguenay
Alma
Dolbeau-Mistassini
Normandin
Roberval
La Pocatière
Montmagny
Saint-Georges
Sainte-Marie
Chaudière-Appalaches
Lévis
Québec
Région de Québec
Shawinigan
Mauricie
Trois-Rivières
Centre-du-Québec
Drummondville
Berthierville
Cantons-de-l'Est
Sherbrooke
Waterloo
Granby
Sutton
Longueuil
Saint-Jean
Montérégie
Rivière-Beaudette
Saint-Jérôme
Grenville
Lanaudière
Mont-Tremblant
Laurentides
Mont-Laurier
Laval
Montréal
Ottawa
Gatineau
Outaouais
Grand-Remous
Dorval-Lodge
Val-d'Or
Amos
Taschereau
Rouyn-Noranda
Abitibi-Témiscamingue
Ville-Marie

Manicouagan

Saguenay-Lac-Saint-Jean

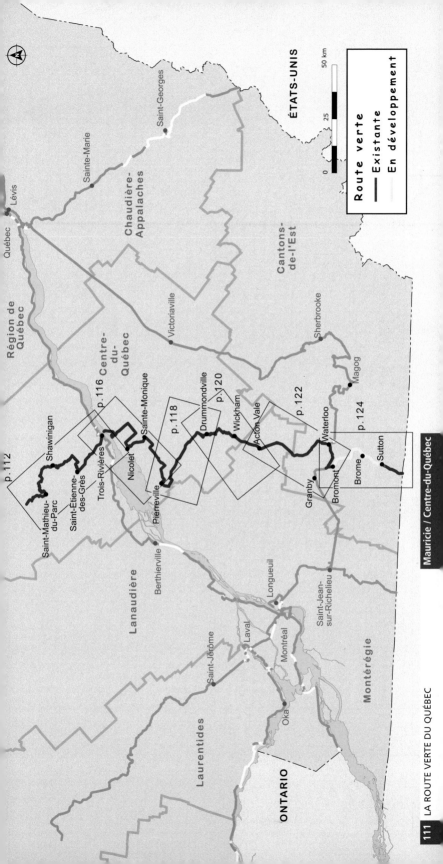

Mauricie / Centre-du-Québec

Route verte
Existante
En développement

ÉTATS-UNIS

ONTARIO

Montréal
Laval
Oka
Saint-Jérôme

Laurentides

Lanaudière

Berthierville
Longueuil
Saint-Jean-sur-Richelieu

Montérégie

Région de Québec

Québec
Lévis

Chaudière-Appalaches

Sainte-Marie

Saint-Georges

Victoriaville

Centre-du-Québec

Shawinigan
Saint-Mathieu-du-Parc
Saint-Étienne-des-Grès
Trois-Rivières
Nicolet
Sainte-Monique
Pierreville
Drummondville
Wickham
Acton-Vale
Waterloo
Granby
Bromont
Brome
Sutton
Magog
Sherbrooke

Cantons-de-l'Est

p. 112
p. 116
p. 118
p. 120
p. 122
p. 124

0   25   50 km

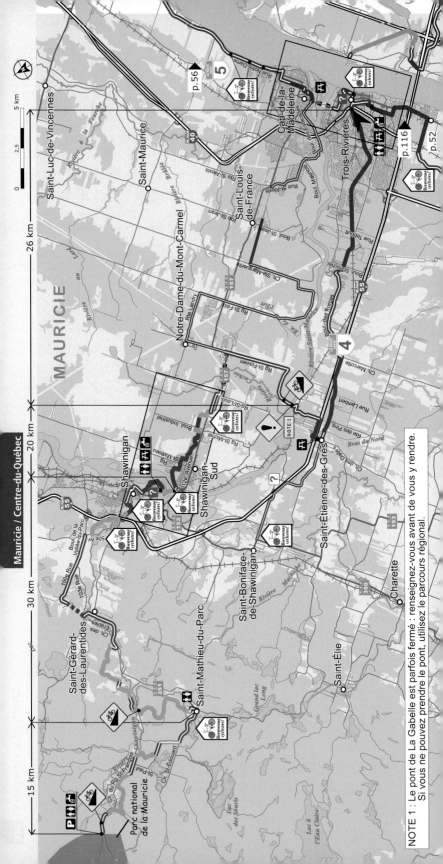

Mauricie / Centre-du-Québec

NOTE 1 : Le pont de La Gabelle est parfois fermé : renseignez-vous avant de vous y rendre. Si vous ne pouvez prendre le pont, utilisez le parcours régional.

SHAWINIGAN (SUITE)

GOUVERNEUR SHAWINIGAN
★★★★
1100, promenade du Saint-Maurice
(819) 537-6000
www.gouverneurshawinigan.com

MOTEL SAFARI
★★
4500, 12ᵉ Avenue
(819) 536-2664
www.motelsafari.com

SAINT-ÉTIENNE-DES-GRÈS
pop. 3 927

Bureau d'information touristique
2000, autoroute 55 Nord

TROIS-RIVIÈRES
pop. 125 086

Coop Taxis de la Mauricie
(819) 378-5444

Service de navette Remorques Montpas
(819) 233-4414
(819) 229-1129

SAINT-MATHIEU-DU-PARC
pop. 1 278

CAMPING DU PARC
★★
950, chemin Principal
(819) 609-6111
www.campingduparc.canalblog.com

SHAWINIGAN
pop. 52 057

Taxi Adapté Roland Déziel
(819) 539-5598

Bureau d'information touristique
777, 4ᵉ Rue, Shawinigan
1 800 567-7603

SHAWINIGAN (SUITE)

LE YÉTI SHAWINIGAN
363, 5ᵉ Rue
(819) 537-1142
www.leyeti.ca

AUBERGE ESCAPADE INN
★★★★
3383, rue Garnier
(819) 539-6911

COMFORT INN ET SUITES
★★★
500, boul.du Capitaine-Jos-Veilleux
(819) 536-2000

Shawinigan

Mauricie / Centre-du-Québec

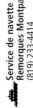

La Route verte passe par...

Parc national du Canada de la Mauricie
1 888 773-8888
www.pc.gc.ca

RÉGION TOURISTIQUE

Mauricie
(819) 536-3334
1 800 567-7603
www.tourismemauricie.com

Mauricie / Centre-du-Québec

WILLIAM PHÉNIX

TROIS-RIVIÈRES (SUITE)

? **Bureau d'information touristique**
1457, rue Centre
Trois-Rivières
(819) 375-1122

LAFERTÉ BICYCLES
1513, rue Laviolette
(819) 374-9172

EXCELLENCE SPORTS TROIS-RIVIÈRES
3245, boul. des Récollets
(819) 373-6673

LE YÉTI
1400, boul. des Récollets
(819) 373-2915

LEGENDRE VÉLO PLEIN AIR
505, rue Saint-Georges
(819) 374-3531

VÉLO 2 MAX
2930, rue Carillon
(819) 372-4797

VELO CYCLONE
5641, boul. Jean XXIII
(819) 378-8553

LAFERTÉ BICYCLES
6865, boul. Jean XXIII
(819) 377-5887

ANDRÉ LALONDE SPORTS TROIS-RIVIÈRES
4520, Boul. Royal
(819) 373-2622

TROIS-RIVIÈRES (SUITE)

AUBERGE BAIE-JOLIE
Auberge du Passant certifiée
★★★
9709, rue Notre-Dame Ouest
(819) 377-2226
www.gitescanada.com/5366.html

CAMPING LAC SAINT-MICHEL DES FORGES
★★★
11650, rue du Clairon
(819) 374-8474
www.campingquebec.com/stmicheldesforges

CAMPING LES FORGES
★★★
12266, boul. des Forges
(819) 376-0008
www.campingquebec.com/lesforges

DELTA TROIS-RIVIÈRES HÔTEL ET CENTRE DES CONGRÈS
★★★★
1620, rue Notre-Dame Centre
(819) 376-1991

LA MAISON DES LECLERC
Gîte du Passant certifié
★★★
2821, rue Notre-Dame Est
(819) 379-5946
www.maisondesleclerc.com

TROIS-RIVIÈRES (SUITE)

MOTEL CANADIEN
★★
1821, rue Notre-Dame Est
(819) 375-5542

MOTEL LE MARQUIS
★★
989, rue Notre-Dame Est
(819) 378-7130
www.motelmarquis.com

RÉGION TOURISTIQUE

Mauricie
© (819) 536-3334
© 1 800 567-7603
www.tourismemauricie.com

Mauricie / Centre-du-Québec

115 LA ROUTE VERTE DU QUÉBEC

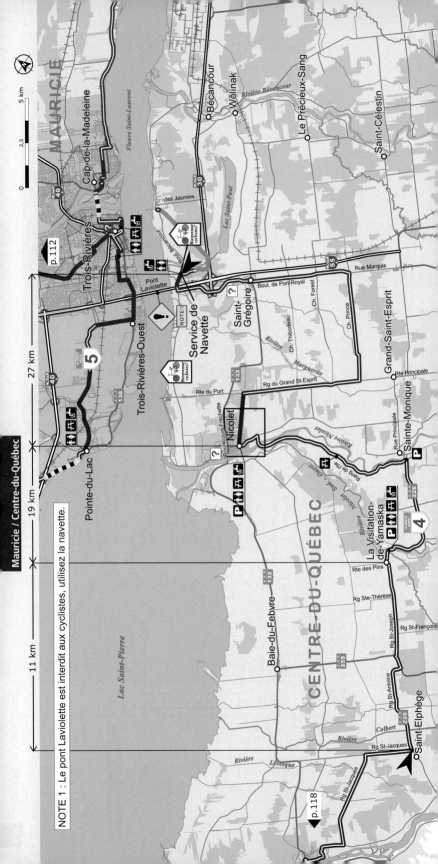

Mauricie / Centre-du-Québec

NOTE 1 : Le pont Laviolette est interdit aux cyclistes, utilisez la navette.

La Route verte™

RÉGION TOURISTIQUE

Centre-du-Québec
☎ (819) 364-7177
☎ 1 888 816-4007
www.tourismecentreduquebec.com

Mauricie
☎ (819) 536-3334
☎ 1 800 567-7603
www.tourismemauricie.com

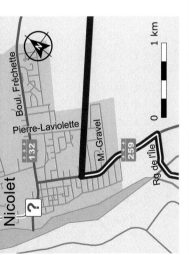

Nicolet

132 Pierre-Laviolette Boul. Fréchette
M. Gravel 259 Rg de l'île

0   1 km

BÉCANCOUR

pop. 11 384

Taxi de Gentilly
(819) 298-3484

Service de navette
Remorquage Montpas
(819) 233-4414

Bureau d'information touristique
17105, boulevard Bécancour

AUBERGE GODEFROY
★★★★
17 575, boul. Bécancour
(819) 233-2200
www.aubergegodefroy.com

REGARD SUR LE FLEUVE
Gîte du Passant certifié
18440, boul. Bécancour
(819) 233-2360

NICOLET

pop. 7 848

Bureau d'information touristique
20, rue Notre-Dame

ALAIN GUILBERT SPORTS
2000, boul. Louis-Fréchette
(819) 293-2156

TROIS-RIVIÈRES (SUITE)

DELTA TROIS-RIVIÈRES HÔTEL ET CENTRE DES CONGRÈS
★★★★
1620, rue Notre-Dame Centre
(819) 376-1991

LA MAISON DES LECLERC
Gîte du Passant certifié
2821, rue Notre-Dame Est
(819) 379-5946
www.maisondesleclerc.com

MOTEL CANADIEN
★★
1821, rue Notre-Dame Est
(819) 375-5542

MOTEL LE MARQUIS
★★
989, rue Notre-Dame Est
(819) 378-7130
www.motelmarquis.com

TROIS-RIVIÈRES (SUITE)

VÉLO 2 MAX
2930, rue Carillon
(819) 372-4797

VELO CYCLONE
5641, boul. Jean XXIII
(819) 378-8553

LAFERTÉ BICYCLES
6865, boul. Jean XXIII
(819) 377-5887

ANDRÉ LALONDE SPORTS TROIS-RIVIÈRES
4520, Boul. Royal
(819) 373-2622

AUBERGE BAIE-JOLIE
Auberge du Passant certifiée
★★★
9709, rue Notre-Dame Ouest
(819) 377-2226
www.gitescanada.com/5366.html

CAMPING LAC SAINT-MICHEL DES FORGES
★★★
11650, rue du Clairon
(819) 374-8474
www.campingquebec.com/stmicheldesforges

CAMPING LES FORGES
★★★
12266, boul. des Forges
(819) 376-0008
www.campingquebec.com/lesforges

TROIS-RIVIÈRES (SUITE)

LAFERTÉ BICYCLES
1513, rue Laviolette
(819) 374-9172

EXCELLENCE SPORTS TROIS-RIVIÈRES
3245, boul. des Récollets
(819) 373-6673

LE YÉTI
1400, boul. des Récollets
(819) 373-2915

LEGENDRE VÉLO PLEIN AIR
505, rue Saint-Georges
(819) 374-3531

TROIS-RIVIÈRES

pop. 125 086

Coop Taxis de la Mauricie
(819) 378-5444

Service de navette
Remorques Montpas
(819) 233-4414
(819) 229-1129

Bureau d'information touristique
1457, rue Centre Trois-Rivières
(819) 375-1122

Mauricie / Centre-du-Québec

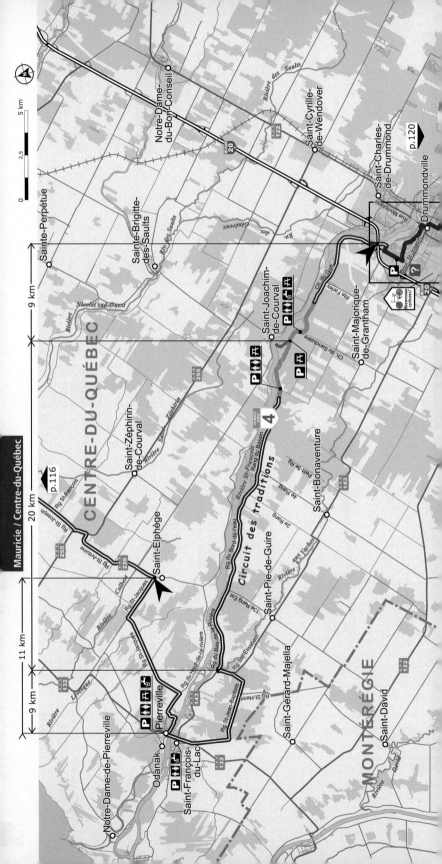

p.116

p.120

CENTRE-DU-QUÉBEC

MONTÉRÉGIE

Circuit des traditions

0   2,5   5 km

20 km

11 km

9 km

9 km

Notre-Dame-du-Bon-Conseil

Saint-Cyrille-de-Wendover

Saint-Charles-de-Drummond

Drummondville

Saint-Majorique-de-Grantham

Saint-Joachim-de-Courval

Sainte-Brigitte-des-Saults

Sainte-Perpétue

Rivière des Saults

Rivière des Saults

Riv. des Saults

Rivière des Saults

Nicolet sud-Ouest

Saint-Zéphirin-de-Courval

Rivière Sainte-Zéphirin

Ruisseau des Généreux

Ch. du Golf

Rte Farley

Ch. du Sanctuaire

Rivière St-François, Rang du Bassin

Rang du Bord-de-l'eau

Rg St-François

Rg St-Joseph

Rg St-Antoine

Saint-Elphège

Rg St-Jacques

Rg St-Jacques

Rivière Colbert

Rivière Lévesque

Pierreville

Notre-Dame-de-Pierreville

Odanak

Saint-François-du-Lac

Rg du Haut-de-la-rivière

Rg du Bas-de-la-rivière

Rg Ste-Élisabeth

Rg St-Jean-Baptiste

Rg St-Henri

13e Rang Est

Saint-Pie-de-Guire

Saint-Gérard-Majella

Saint-David

Saint-Bonaventure

Rivière aux Vaches

2e Rang

4e Rang

Petit-5e Rg

Rivière David

LA ROUTE 4

Bienvenue cyclistes!

DRUMMONDVILLE (SUITE)

BICYCLE ET SPORT LAPLANTE
242, rue Saint-Marcel
(819) 472-2363
www.velolaplante.com

INTERSPORT DRUMMONDVILLE
1015, boul. Saint-Joseph
(819) 477-0442

LES BICYCLES EXCEL ENR.
2555, boul. Mercure
(819) 477-7470

TI-PÈRE BICYCLE
114-A, rue Saint-Alphonse
(819) 478-074

SPORT PIERRE ROUX INC.
323, Saint-Marcel
(819) 477-3141

HÔTEL ET SUITES LE DAUPHIN
★★★★
600, boul. Saint-Joseph
(819) 478-4141
www.le-dauphin.com/

QUALITY SUITES
★★★
2125, rue Canadien
(819) 472-2700
www.qualitysuites.ca

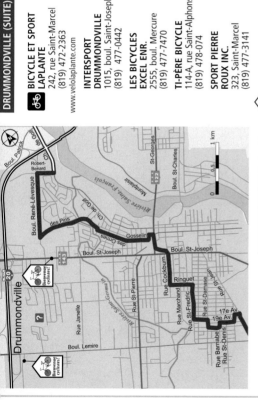

DRUMMONDVILLE
pop. 65 891

Taxi Central Association
(819) 478-4646

Bureau d'information touristique
1350, rue Michaud
(819) 477-5529

Mauricie / Centre-du-Québec

La Route verte passe par...

Circuit des traditions
(819) 477-5995
www.reseauxpleinair.com/

RÉGION TOURISTIQUE

Centre-du-Québec
(819) 364-7177
1 888 816-4007
www.tourismecentreduquebec.com

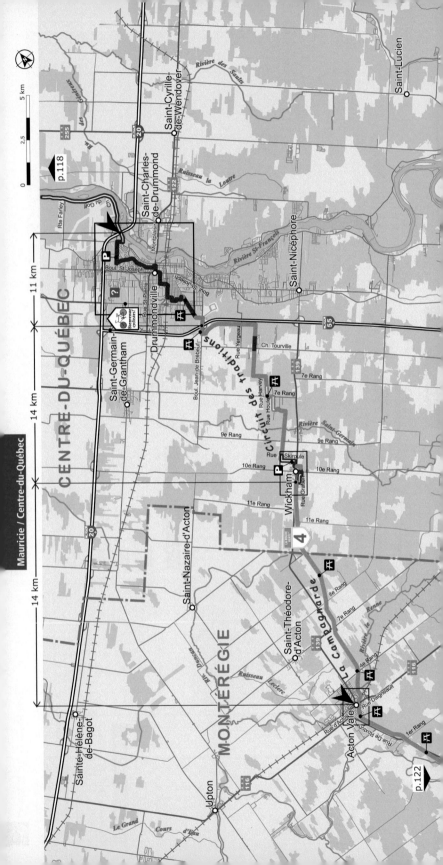

La Route verte passe par...

Circuit des traditions
☎ (819) 477-5995
www.reseauxpleinair.com/

La Campagnarde
☎ (819) 477-5529

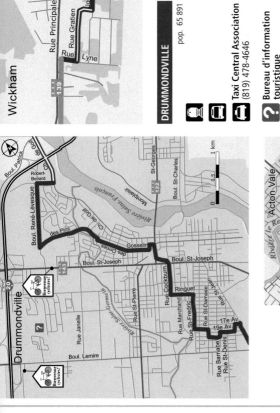

Wickham

500 m
0 250

Rue Skiroule
Rue St-Jean
Lupin
Rue Blanchard
Hébert
Rue Principale
José
Rue Gratien
Rue Lyne
139

Drummondville

Boul. Patrick
Boul. Robert-Bénard
St-Georges
Rivière Saint François
Montplaisir
Boul. St-Charles
122
Boul. René-Lévesque
des Pins
Ch. du Golf
Gosselin
des Ormes
Boul. St-Joseph
Boul. St-Joseph
Ringuet
Rue Cockburn
Rue St-Pierre
Rue Marchand
Rue St-Frédric
Rue St-Damase
Juery St-Jean
17e Av
19e Av
Rue Barnabé
Rue St-Denis
Boul. Lemire
Rue Janelle
Rivière Saint-Germain
20
139

1 km
0 0,5

Acton Vale
Rivière le Renne
Rue de Roxton
Rue d'Acton
Dunkin
Tremblay
139
116

1 km
0 0,5

RÉGIONS TOURISTIQUES

Centre-du-Québec
☎ (819) 364-7177
☎ 1 888 816-4007
www.tourismecentreduquebec.com

Montérégie
☎ (450) 469-0069
☎ 1 866 469-0069
www.tourisme-monteregie.qc.ca

DRUMMONDVILLE

pop. 65 891

Taxi Central Association
(819) 478-4646

Bureau d'information touristique
1350, rue Michaud
(819) 477-5529

BICYCLE ET SPORT LAPLANTE
242, rue Saint-Marcel
(819) 472-2363
www.velolaplante.com

DRUMMONDVILLE (SUITE)

INTERSPORT DRUMMONDVILLE
1015, boul. Saint-Joseph
(819) 477-0442

LES BICYCLES EXCEL ENR.
2555, boul. Mercure
(819) 477 7470

TI-PÈRE BICYCLE
114-A, rue Saint-Alphonse
(819) 478 7074

SPORT PIERRE ROUX INC.
323, Saint-Marcel
(819) 477 3141

DRUMMONDVILLE (SUITE)

HÔTEL ET SUITES LE DAUPHIN
★★★
600, boul. Saint-Joseph
(819) 478-4141
www.le-dauphin.com/

QUALITY SUITES
★★
2125, rue Canadien
(819) 472-2700
www.qualitysuites.ca

ACTON VALE

pop. 7 506

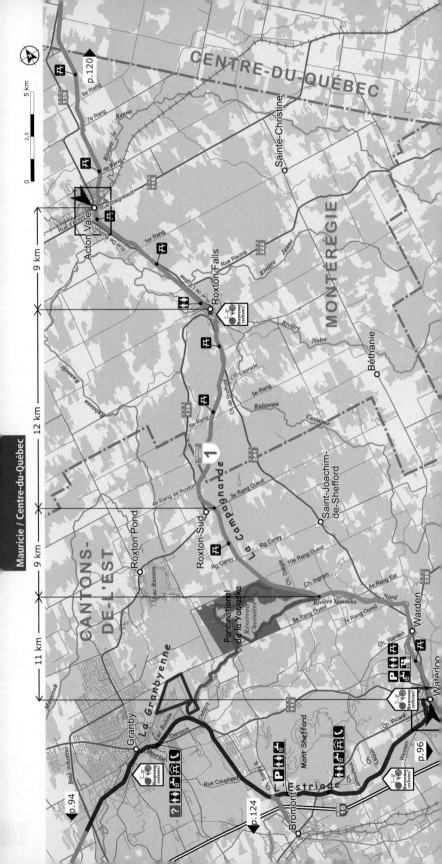

GRANBY (SUITE)

LA MAISON DUCLAS
Gîte du Passant certifié
★★★
213, rue du Nénuphar
(450) 360-0641
www.maisonduclas.com

LE SAINT-CHRISTOPHE, HÔTEL BOUTIQUE ET SPA
★
255, rue Denison Est
(450) 405-4782
www.hotelstchristophe.com

La Route verte passe par...

La Campagnarde
(819) 477-5529

L'Estriade
(450) 360-9794
www.estriade.com

Parc national de la Yamaska
1 800 665-6527

AUTRES ITINÉRAIRES

La Granbyenne
1 800 567-7273

RÉGIONS TOURISTIQUES

Centre-du-Québec
(819) 364-7177
1 888 816-4007
www.tourismecentreduquebec.com

Montérégie
(450) 469-0069
1 866 469-0069
www.tourisme-monteregie.qc.ca

Cantons-de-l'Est
(819) 820-2020
1 800 355-5755
www.cantonsdelest.com

ACTON VALE
pop. 7 506

ROXTON FALLS
pop. 1 312

CAMPING DE L'ÎLE
★★★
238, ch. Pépin
(450) 548-2495
www.campingdelile.com/

WATERLOO
pop. 4 265

LE GÎTE DU PATRIMOINE
★★
733, rue Western
(450) 539-2733
www.gitescanada.com/8354.html

WATERLOO (SUITE)

LES MATINS DE VICTORIA
Gîte du Passant certifié
★★★★
950, rue Western
(450) 539-5559
www.lesmatinsdevictoria.com

O'BERGE DU PIGNON
★★★
4805, rue Foster
(450) 539-4343
www.gitescanada.com/7471.html

GRANBY
pop. 45 888

Taxi Union Granby enr.
(450) 372-6464

 À BICYCLETTES MOMO SPORTS
192, Denison Est
(450) 372-9066

AUBERGE B&B DU ZOO
Gîte du Passant certifié
★★★
347, rue Bourget Ouest
(450) 378-6161
www.aubergeduzoo.com

B & B CHAT L'HEUREUX
★★★
85, rue Jeanne-d'Arc
(450) 375-9078
www.gitescanada.com/8749.html

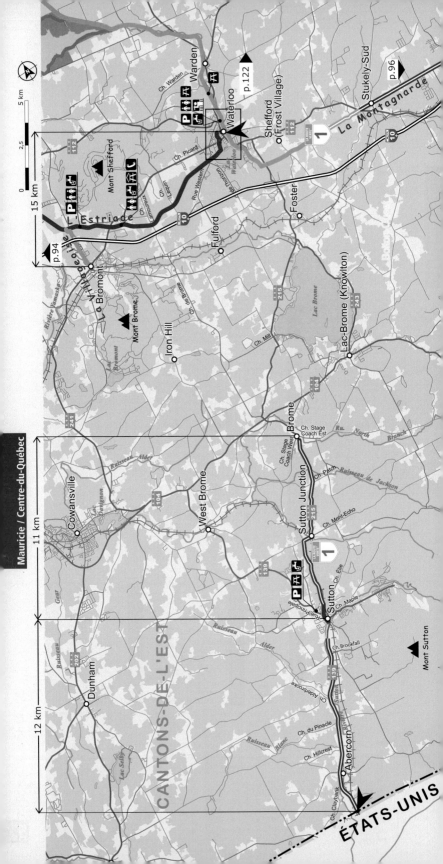

La Route verte
passe par...

L'Estriade
© (450) 360-9794
www.estriade.com

La Montagnarde
© (819) 843-8744

BROMONT
pop. 83 900

☎ Taxi G B Bromont
(450) 534-4646

SUTTON
pop. 3 694

**AUBERGE
DES APPALACHES**
Auberge du Passant certifiée
★★
234, rue Maple
(450) 538-5799
www.auberge-appalaches.com

SUTTON (SUITE)

**AUBERGE ET
RESTAURANT
AGNÈS HORTH**
★★
435, rue Maple
(450) 538-7417
www.agnesinn.com

**CHALETS
BONHOMME DE NEIGE**
★★
504, rue Maple
(450) 538-4340
www.bonhommedeneige.ca

CHALETS MATTERHORN
★★
548, ch. Maple
(450) 671-6374
chaletsmatterhorn.iquebec.com

**CONDOS ALTITUDE
SUTTON**
★★★
502, ch. Boulanger
(450) 538-4141
www.condosaltitudesutton.com

**DOMAINE BELLE-VUE
SUTTON**
★★
286, ch. Dyer
(450) 538-3736
www.domainebellevuesutton.com

GÎTE VERT LE MONT
★★
18, rue Maple
(450) 538-3227
www.bbsutton.com

SUTTON (SUITE)

**HOTEL ET CONDOS
LE MONTAGNARD**
★★★
264, rue Maple
(450) 538-9966
www.montagnard.qc.ca

RÉGION TOURISTIQUE

Cantons-de-l'Est
© (819) 820-2020
© 1 800 355-5755
www.cantonsdelest.com

Mauricie / Centre-du-Québec

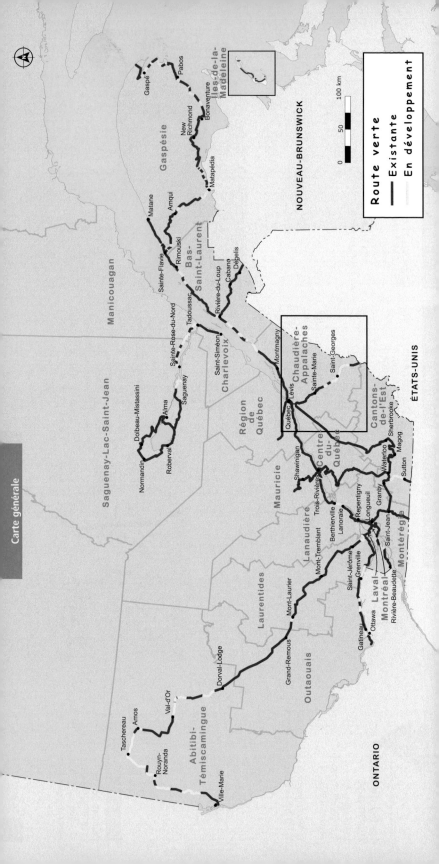

Carte générale

Route verte
Existante
En développement

0   50   100 km

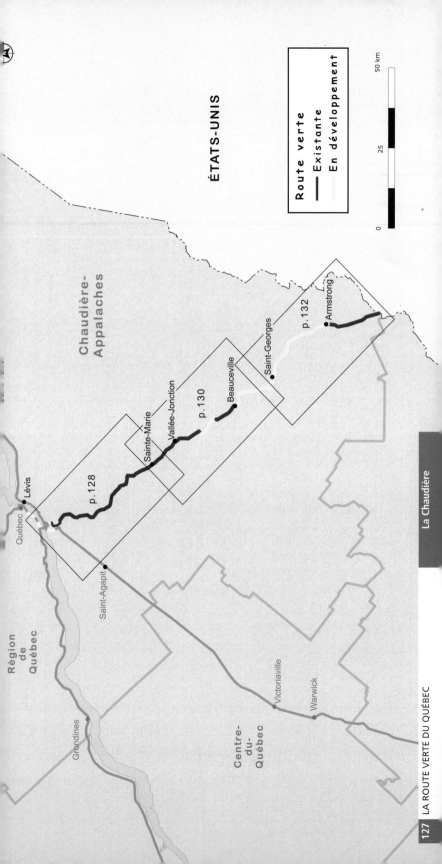

Route verte

Existante

En développement

0   25   50 km

ÉTATS-UNIS

Chaudière-
Appalaches

Armstrong

p.132

Saint-Georges

Beauceville

p.130

Vallée-Jonction

Sainte-Marie

p.128

Lévis

Québec

Saint-Agapit

Région
de
Québec

Grondines

Victoriaville

Warwick

Centre-
du-
Québec

La Chaudière

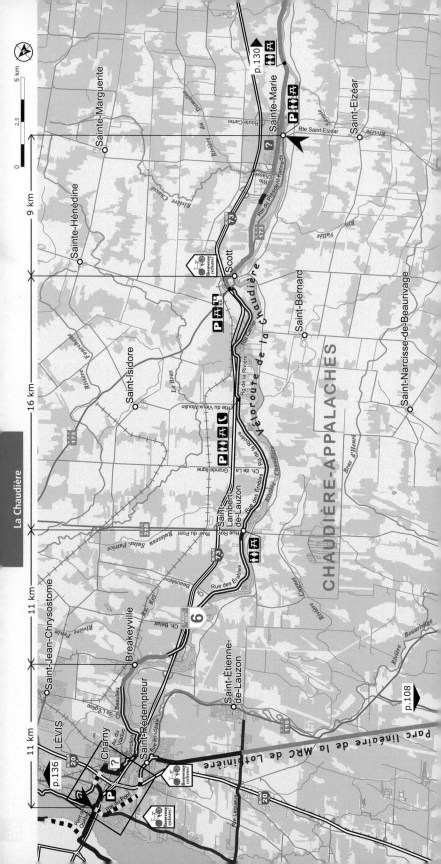

CHAUDIÈRE-APPALACHES

Véloroute de la Chaudière

Parc linéaire de la MRC de Lotbinière

LÉVIS

Charny

Saint-Rédempteur

Breakeyville

Saint-Jean-Chrysostome

Saint-Étienne-de-Lauzon

Saint-Lambert-de-Lauzon

Saint-Isidore

Saint-Bernard

Scott

Sainte-Marie

Saint-Elzéar

Saint-Narcisse-de-Beaurivage

Sainte-Hénédine

Sainte-Marguerite

p.130
p.136
p.108

Rivière Chaudière

Rivière Chassé

Rivière du Dumeret

Rivière Fourchette

Rivière Beaurivage

Rivière Henri

Ruisseau Saint-Patrice

Rte Saint-Elzéar

Route Carter

Rte du Président-Kennedy

173

Rte Carter

Rte du Vieux-Moulin

Rg de la Rivière

Grande-ligne

Ch. de la Rivière

Rue des Érables

Rue des Érables

Rue Roy

Rue du Pont

Beauséjour

Ch. Bélair

Ch. Beaulieu

Av. du Viaduc

Rue de l'Église

Rue Principale

Jonction

Rte du Pont

Bienvenue cyclistes!

Le Bras

Vallée

9 km   16 km   11 km   11 km

0   2,5   5 km

La Route verte passe par...

Véloroute de la Chaudière
☎ (418) 386-2599
www.veloroutedelachaudiere.com

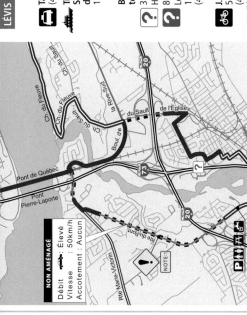

NON AMÉNAGÉ
Débit 🚗 : Élevé
Vitesse : 50km/h
Accotement : Aucun

Pont de Québec
Pont Pierre-Laporte
Ch. du Fleuve
Ch. du Sault
Boul. de la Rive-Sud
Rte Marie-Victorin
Rte du Pont
Boul. de
du Sault
de l'Église
NOTE 1

RÉGION TOURISTIQUE

Chaudière-Appalaches
☎ (418) 831-4411
☎ 1 888 831-4411
www.chaudiereappalaches.com

LÉVIS
pop. 126 396

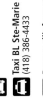 **Taxi 4000 Inc**
(418) 833-4112

Traverse Québec / Lévis
Société des traversiers du Québec
1 877 787-7483

Bureau d'information touristique
 3300, avenue Joseph-Hudon

 800, autoroute Jean-Lesage
1 888 831-4411
(418) 831-4411

 J.H. LAMONTAGNE
5690, rue Saint-Georges
(418) 837-2493
www.jhlamontagne.com/accueil/index.html

DEMERS ET FILS
3926, rue Saint-Georges
(418) 837-5640
www.lacordée.com

ACTION VÉLO SKI SERVICE
2560, chemin du Fleuve
(418) 834-7666

LÉVIS (SUITE)

 SPORTS EXPERTS
Galeries Chagnon 1200, Alphonse Desjardins
(418) 835-1088

LA MAISON SOUS L'ORME
Gîte du Passant certifié
★★★
1, rue Saint-Félix
(418) 833-0247
www.geocities.com/sousorme

CAMPING KOA QUÉBEC
★★★
684, ch. Olivier
(418) 831-1813
www.koa.com/intl/

HÔTEL STASTNY
★★★
537, rte Marie-Victorin
(418) 836-1259
www.golfhotelstastny.com

SCOTT
pop. 1 729

CAMPING PARC DE LA CHAUDIÈRE
★★★
100, rue du Camping
(418) 882-5759

SAINTE-MARIE
pop. 11 598

 Taxi BL Ste-Marie
(418) 386-4433

Bureau d'information touristique
 901, boulevard Vachon Nord
(418) 386-4499

 INTERSPORT
Galleries de la Chaudière
1116, boul. Vachon Nord
(418) 387-3023

La Chaudière

129 LA ROUTE VERTE DU QUÉBEC

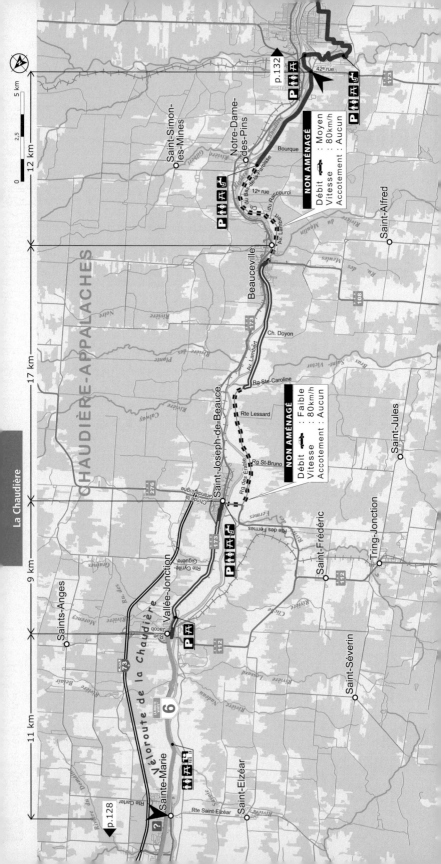

CHAUDIÈRE-APPALACHES

6

Véloroute de la Chaudière

p. 132

p. 128

NON AMÉNAGÉ

Débit	: Moyen
Vitesse	: 80 km/h
Accotement	: Aucun

NON AMÉNAGÉ

Débit	: Faible
Vitesse	: 80 km/h
Accotement	: Aucun

Saint-Simon-les-Mines

Notre-Dame-des-Pins

Bourque

Beauceville

Saint-Alfred

Saint-Joseph-de-Beauce

Saint-Victor

Saint-Jules

Vallée-Jonction

Saints-Anges

Sainte-Marie

Saint-Elzéar

Saint-Séverin

Saint-Frédéric

Tring-Jonction

42e rue

12e rue

Ch. Doyon

Av. Lambert

Rg Ste-Caroline

Rte Lessard

Rg St-Bruno

Rg des Érables

Rte des Fermes

Rte Cyrille-Gigoux

Rue Jacob

Rte Carter

Rte Saint-Elzéar

Rivière Chaudière

Rivière du Moulin

Rivière des Meules

Rivière Plante

Rivière des Calways

Rivière Beaudoin

Rivière Morency

Rivière Nadeau

Rivière Lessard

Rivière Fréchette

Bras Saint-Victor

173

108

112

173

276

73

128

La Route verte*

La Route verte passe par…

Véloroute de la Chaudière
© (418) 386-2599
www.velouroutedelachaudiere.com

SAINTE-MARIE

pop. 11 598

 **Taxi BL Ste-Marie**
(418) 386-4433

 **Bureau d'information touristique**
901, boulevard Vachon Nord
(418) 386-4499

♿ **INTERSPORT**
Galleries de la Chaudière
1116, boul. Vachon Nord
(418) 387-3023

BEAUCEVILLE

pop. 6 470

Taxi Unis inc.
(418) 774-6300

SAINT-GEORGES

pop. 28 946

Taxi du Pont
(418) 228-8922

 **Bureau d'information touristique**
13055, boulevard Lacroix
(418) 227-4642

SAINT-GEORGES (SUITE)

♿ **INTERSPORT**
Carrefour St-Georges
8585, boul. Lacroix
(418) 228-8874

GÎTE LA SÉRÉNADE
Gîte du Passant certifié

★★★
8835, 35e Avenue
418 228-1059
www.gitelaserenade.com

HOTEL-MOTEL CHARLES
★★
10330, boulevard Lacroix
(418) 228-9755
www.motelcharles.com

MAISON VINOT
11525, 2e Avenue
(418) 227-5909
www.maisonvinot.com

RÉGION TOURISTIQUE

Chaudière-Appalaches
© (418) 831-4411
© 1 888 831-4411
www.chaudiereappalaches.com

La Chaudière

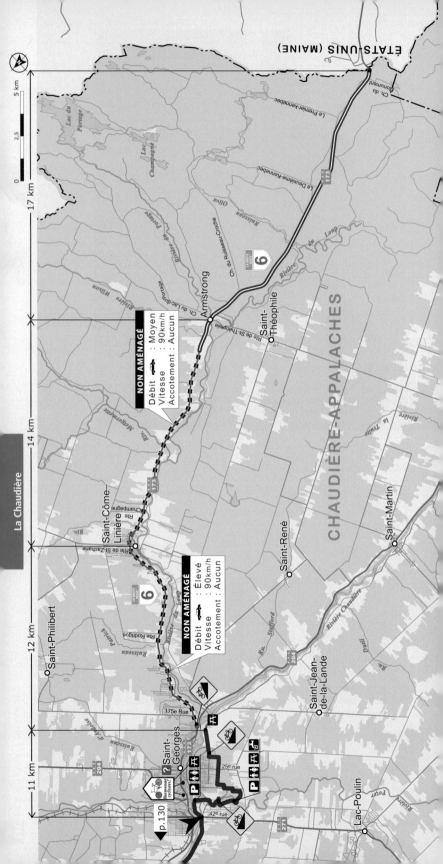

La Route Verte

La Chaudière

SAINT-GEORGES

pop. 28 946

Taxi du Pont
(418) 228-8922

Bureau d'information touristique
13055, boulevard Lacroix
(418) 227-4642

INTERSPORT
Carrefour St-Georges
8585, boul. Lacroix
(418) 228-8874

GÎTE LA SÉRÉNADE
Gîte du Passant certifié
★ ★ ★
8835, 35ᵉ Avenue
418 228-1059
www.gitelaserenade.com

HOTEL-MOTEL CHARLES
★ ★
10330, boulevard Lacroix
(418) 228-9755
www.motelcharles.com

MAISON VINOT
11525, 2ᵉ Avenue
(418) 227-5909
www.maisonvinot.com

RÉGION TOURISTIQUE

Chaudière-Appalaches
(418) 831-4411
1 888 831-4411
www.chaudiereappalaches.com

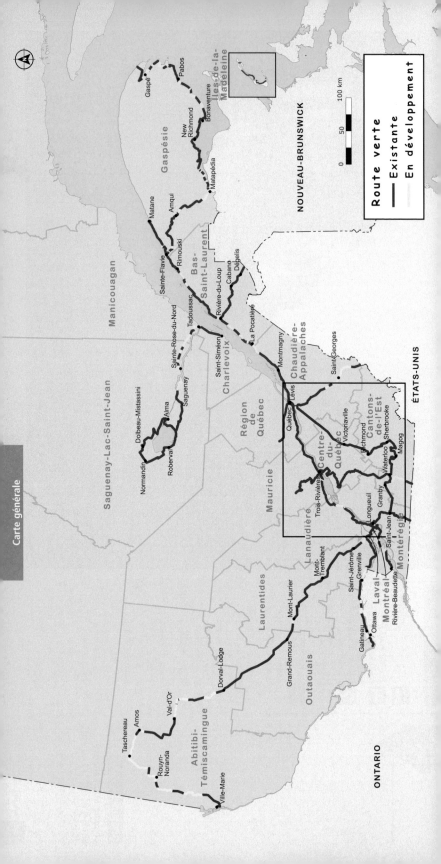

Carte générale

Route verte
— Existante
— En développement

0 50 100 km

Gaspé
Pabos
Bonaventure
New Richmond
Îles-de-la-Madeleine

NOUVEAU-BRUNSWICK

Gaspésie

Matane
Amqui
Matapédia
Sainte-Flavie
Rimouski
Bas-Saint-Laurent
Cabano
Dégelis
Rivière-du-Loup

Tadoussac
Sainte-Rose-du-Nord
La Pocatière
Montmagny

Saint-Siméon
Charlevoix
Chaudière-Appalaches
Saint-Georges

Saguenay
Dolbeau-Mistassini
Alma
Roberval
Normandin
Saguenay-Lac-Saint-Jean

Région de Québec
Lévis
Québec
Victoriaville
Richmond
Sherbrooke
Magog
Cantons-de-l'Est
Centre-du-Québec

Manicouagan

Mauricie
Trois-Rivières
Lanaudière
Waterloo
Granby
Longueuil
Saint-Jean
Montérégie

Mont-Tremblant
Mont-Laurier
Saint-Jérôme
Grenville
Laval
Montréal
Rivière-Beaudette

Laurentides
Grand-Remous
Dorval-Lodge
Gatineau
Ottawa

Outaouais

Taschereau
Amos
Val-d'Or
Rouyn-Noranda
Ville-Marie
Abitibi-Témiscamingue

ONTARIO

ÉTATS-UNIS

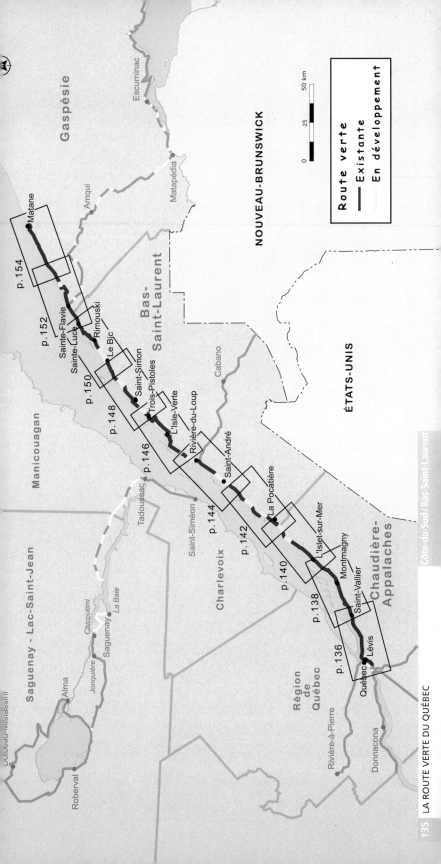

Gaspésie

Matane

p.154

Sainte-Flavie
Sainte-Luce
Rimouski
Le Bic

p.152

p.150

Saint-Simon
Trois-Pistoles
L'Isle-Verte

p.148

Rivière-du-Loup

p.146

Saint-André

Bas-
Saint-Laurent

La Pocatière

p.144

L'Islet-sur-Mer

p.142

Montmagny

Saint-Vallier

p.140

Chaudière-
Appalaches

p.138

p.136

Québec
Lévis

Escuminac

Amqui

Matapédia

NOUVEAU-BRUNSWICK

Manicouagan

Cabano

ÉTATS-UNIS

Tadoussac

Saint-Siméon

Charlevoix

Saguenay - Lac-Saint-Jean

Chicoutimi
La Baie
Jonquière
Saguenay
Alma

Roberval

Région
de
Québec

Rivière-à-Pierre

Donnacona

Route verte

—— Existante
······ En développement

0   25   50 km

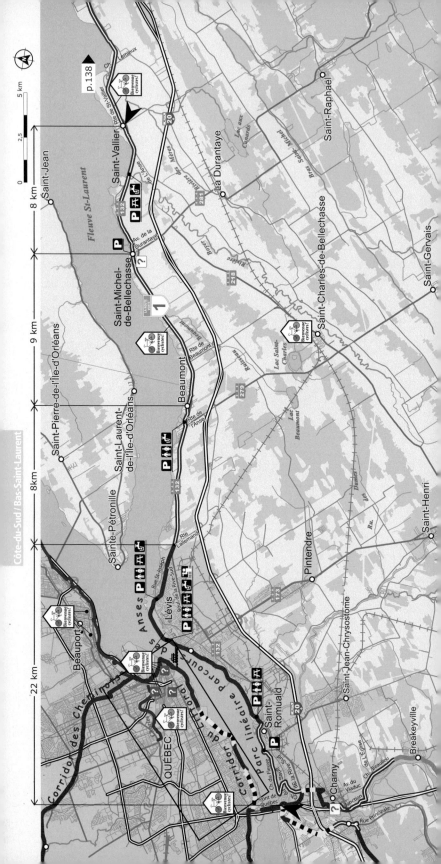

La Route verte passe par...

Parc linéaire
Parcours des Anses
(418) 838-6026
www.tourismelevis.com

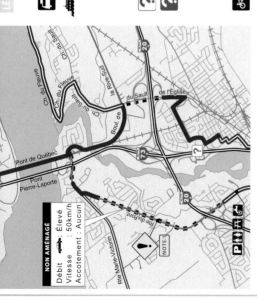

NON AMÉNAGÉ

Débit : Élevé
Vitesse : 50km/h
Accotement : Aucun

NOTE:1

LÉVIS

pop. 126 396

Taxi 4000 Inc
(418) 833-4112

Traverse Québec / Lévis
Société des traversiers du Québec
1 877 787-7483

Bureau d'information touristique
3300, avenue Joseph-Hudon

Bureau d'information touristique
800, autoroute Jean-Lesage
1 888 831-4411
800, autoroute Jean-Lesage
(418) 831-4411

J.H. LAMONTAGNE
5690, rue Saint-Georges
(418) 837-2493
www.jhlamontagne.com/accueil/index.html

DEMERS ET FILS
3926, rue Saint-Georges
(418) 837-5640
www.lacordée.com

**ACTION VÉLO
SKI SERVICE**
2560, chemin du Fleuve
(418) 834-7666

LÉVIS (SUITE)

SPORTS EXPERTS
Galeries Chagnon 1200,
Alphonse Desjardins
(418) 835-1088

**LA MAISON
SOUS L'ORME**
Gîte du Passant certifié
★ ★
1, rue Saint-Félix
(418) 833-0247
www.geocities.com/sousorme

CAMPING KOA QUÉBEC
★ ★ ★ ★
684, ch. Olivier
(418) 831-1813
www.koa.com/intl/

HÔTEL STASTNY
★ ★ ★ ★
537, rte Marie-Victorin
(418) 836-1259
www.golfhotelstastny.com

SAINT-MICHEL-DE-BELLECHASSE

pop. 1 661

Bureau d'information touristique
200, Jean-Lesage Est

BEAUMONT

pop. 2 264

**MANOIR
DE BEAUMONT**
★ ★ ★ ★
485, rte du Fleuve
(418) 833-5635
www.manoirdebeaumont.qbc.net

SAINT-VALLIER

pop. 1 064

GÎTE RÊVER TOU-BO
486, route St-Vallier
(418) 884-2511

RÉGION TOURISTIQUE

Chaudière-Appalaches
(418) 831-4411
1 888 831-4411
www.chaudiereappalaches.com

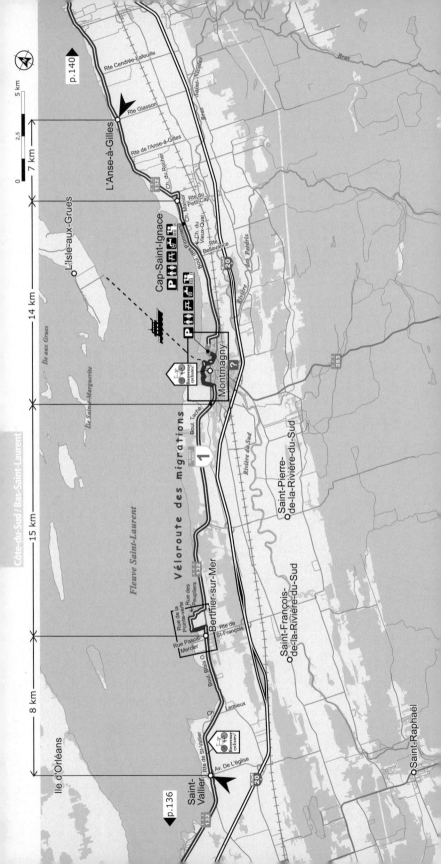

Véloroute des migrations

Fleuve Saint-Laurent

Île d'Orléans

L'Isle-aux-Grues

L'Anse-à-Gilles

Cap-Saint-Ignace

Montmagny

Berthier-sur-Mer

Saint-Vallier

Saint-François-
de-la-Rivière-du-Sud

Saint-Pierre-
de-la-Rivière-du-Sud

Saint-Raphaël

Île aux Grues

Île Sainte-Marguerite

Rte Cendrée-Lafeuille

Rte Giasson

Rte de l'Anse-à-Gilles

Ch. Marnoir

Rte du Petit-Cap

Boul. des Pionniers

Ch. du Vieux-Quai

Rte Bellavance

Rivière des Perdrix

Boul. Taché

Rivière du Sud

Rue de la Pointe-verte

Rue des Peupliers

Rte de St-François

Boul. Blais O

Rue Pascal-Mercier

Ch. Lemieux

Rte de St-Vallier

Av. De L'église

p.140

p.136

0   2,5   5 km

7 km

14 km

15 km

8 km

Bras

Bras Saint-Nicolas

La Route verte

La Route verte passe par...

Véloroute des migrations
℡ (418) 428-9196
www.cotedusud.ca/PDF/
carteveloSud.pdf

Berthier-sur-mer

Pascal-Mercier
Rue Principale
Rue de la Pointe-Verte
Rue de la Marina
Peupliers
Mtée de Morigeau
132

0   0.5   1 km

Fleuve Saint-Laurent

Montmagny
Vers L'Isle-aux-Grues

Av. du Quai
Coullard-Lisloirs
Saint-David
Couture
Bretagne
Basse
Côté
Boul. Taché
Jean-Baptiste
Ste-Brigitte
3e Av.
Rue St
Boul. Taché
des Cascades
Rivière des Perdrix
Rivière du Sud
132
20
283

0   0.5   1 km

INTERSPORT
Galeries Montmagny 101,
boul. Taché Ouest
(418) 248-1282

AUBERGE LA BELLE ÉPOQUE INN
Auberge du Passant certifié
★★★
100, rue Saint-Jean-
Baptiste Est
(418) 248-3373
www.epoque.qc.ca

SAINT-VALLIER   pop. 1 064

GÎTE RÊVER TOU-BO
486, route St-Vallier
(418) 884-2511

MONTMAGNY   pop. 11814

Corporation Taxi 500
(418) 248-3500

Traverse Île aux Grues / Montmagny
Société des traversiers du Québec
(418) 248-9196

Bureau d'information touristique
45, avenue du Quai
(418) 248-9196

RÉGION TOURISTIQUE

Chaudière-Appalaches
℡ (418) 831-4411
℡ 1 888 831-4411
www.chaudiereappalaches.com

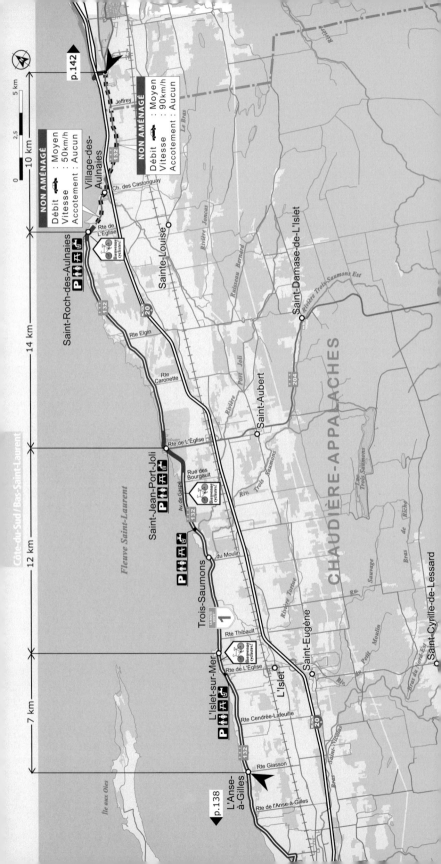

La Route verte

L'ISLET
pop. 3 904

TIBO BICYK
217, rue des Pionniers Est
(418) 247-5523

**AUBERGE
LA MARGUERITE** ★★★
Auberge du Passant certifiée
88, ch. des Pionniers Est
(418) 247-5454
www.quebecweb.com/lamarguerite

**CAMPING MUNICIPAL
DU ROCHER PANET** ★★★
1, rte du Quai
(418) 247-3193

SAINT-JEAN-PORT-JOLI
pop. 3 395

AU BOISÉ JOLI
Gîte du Passant certifié ★ ★ ★
41, av. De Gaspé Est
(418) 598-6774
www.auboisejoli.com

**CAMPING
LA DEMI-LIEUE** ★★★
589, av. De Gaspé Est
(418) 598-6108
www.campingunion.com/demie/
introfranc.html

LA MAISON AUX LILAS ★★★
315, av. De Gaspé Ouest
(418) 598-6844
http://www.cam.org/~bblilas/

SAINT-ROCH-DES-AULNAIES
pop. 3 904

**CAMPING
DES AULNAIES** ★★★
1399, rte de la Seigneurie
(418) 354-2225
www.camping-des-aulnaies.com

L'ANSE FLEURIE
833, rte de la Seigneurie
(418) 354-7109

Côte-du-Sud / Bas-Saint-Laurent

RÉGION TOURISTIQUE

Chaudière-Appalaches
(418) 831-4411
1 888 831-4411
www.chaudiereappalaches.com

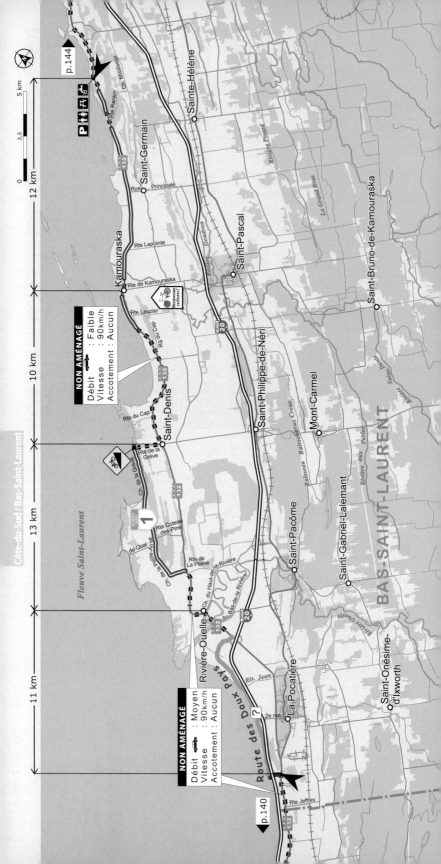

Fleuve Saint-Laurent

BAS-SAINT-LAURENT

Route des Doux Pays

NON AMÉNAGÉ
Débit : Faible
Vitesse : 90 km/h
Accotement : Aucun

NON AMÉNAGÉ
Débit : Moyen
Vitesse : 90 km/h
Accotement : Aucun

p.144

p.140

0   2.5   5 km

12 km

10 km

13 km

11 km

Saint-Germain

Sainte-Hélène

Kamouraska

Saint-Denis

Saint-Pascal

Saint-Philippe-de-Néri

Mont-Carmel

Saint-Bruno-de-Kamouraska

Saint-Pacôme

Saint-Gabriel-Lalemant

Rivière-Ouelle

Saint-Onésime-d'Ixworth

La Pocatière

Ch. Mississipi

Rte Rankin

Rue Principale

Rte Lapointe

Rte de Kamouraska

Rte Lauzier

Rg du Cap

Rte du Cap

Rte de la Grève

Ch. de la Grève

Rte Coteau des-Pins

du Quai

Ch. de la Petite-Anse

Rte de La Plaine

Ch. du Haut-de-la-Rivière

Ch. du Bas-de-la-Rivière

2e rue

Rte Jeffrey

Rivière Goudron

Rivière Plard

Le Grand Bras

Ruisseau Creux

Ruisseau

Rivière aux Perles

Rivière Saint-Denis

Rivière Ouelle

Riv. Jean

132

132

132

132

20

20

132

Bienvenue cyclistes!

LA POCATIÈRE
pop. 4 468

Bureau d'information touristique
10, rue du Quai

INTERSPORT
625, 1ère rue #825
(418) 856-5193

KAMOURASKA
pop. 716

AUBERGE MANOIR TACHÉ
★ ★ ★
4, av. Morel
(418) 492-3768

RÉGION TOURISTIQUE

Bas-Saint-Laurent
℗ (418) 867-1272
℗ 1 800 563-5268
www.tourismebas-st-laurent.com

Côte-du-Sud / Bas-Saint-Laurent

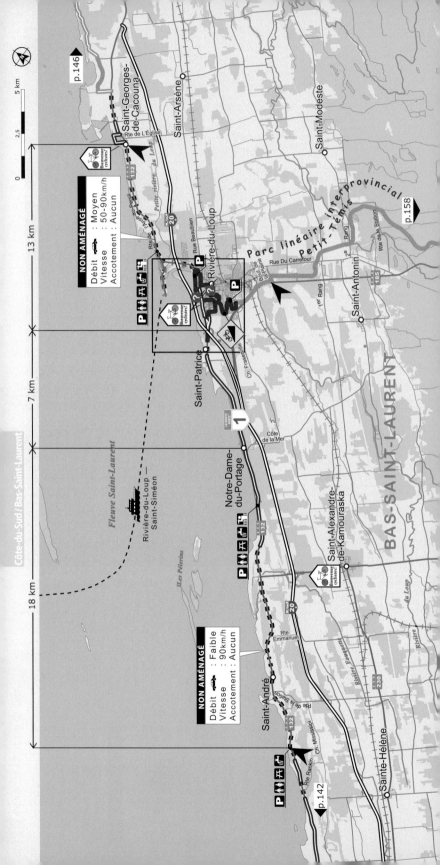

BAS-SAINT-LAURENT

Parc linéaire interprovincial Petit-Témis

Fleuve Saint-Laurent

Rivière-du-Loup — Saint-Siméon

Îles Pèlerins

NON AMÉNAGÉ

Débit	: Moyen
Vitesse	: 50-90km/h
Accotement	: Aucun

NON AMÉNAGÉ

Débit	: Faible
Vitesse	: 90km/h
Accotement	: Aucun

Saint-Georges-de-Cacouna

Rte de L'Église

Saint-Arsène

Saint-Modeste

Rivière-du-Loup

Rue Beaubien

Rue Fraserville

Saint-Patrice

Rue Du Carrefour

1er Rang

2e Rang

Rte de la Station

Saint-Antonin

Notre-Dame-du-Portage

Côte de la Mer

Saint-Alexandre-de-Kamouraska

Sainte-Hélène

Saint-André

Rte Emmanuel

Ch. Misaissipi

Rte Rankin

Rte de la Station

Côte de la Plaine

Bienvenue cyclistes!

Bienvenue cyclistes!

Bienvenue cyclistes!

p.146

p.158

p.142

18 km

13 km

7 km

132

20

185

230

0 2,5 5 km

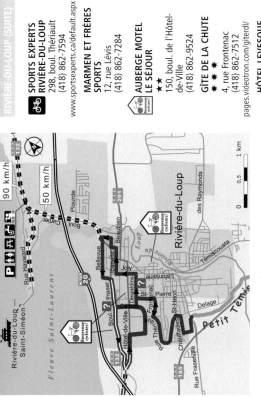

La Route verte passe par...

Parc linéaire interprovincial Petit-Témis
(418) 868-1869 de Rivière-du-Loup à Cabano

RÉGION TOURISTIQUE

Bas-Saint-Laurent
(418) 867-1272
1 800 563-5268
www.tourismebas-st-laurent.com

RIVIÈRE-DU-LOUP

pop. 18 374

Taxi Capitol 3000
(418) 862-6333

RIVIÈRE-DU-LOUP (SUITE)

Traverse Rivière-du-Loup / Saint-Siméon
Société des traversiers du Québec
(418) 862-5094

Bureau d'information touristique
148, rue Fraser
1 800 563-5268
189, boul. Hôtel-de-ville
(418) 862-1981

RIVIÈRE-DU-LOUP (SUITE)

SPORTS EXPERTS RIVIÈRE-DU-LOUP
298, boul. Thériault
(418) 862-7594
www.sportsexperts.ca/default.aspx

MARMEN ET FRÈRES SPORTS
12, rue Lévis
(418) 862-7284

AUBERGE MOTEL LE SÉJOUR ★★
150, boul. de l'Hôtel-de-Ville
(418) 862-9524

GÎTE DE LA CHUTE ★★★ 🌼
4, rue Frontenac
(418) 862-7512
pages.videotron.com/giterdl/

HÔTEL LEVESQUE CENTRE DE CONGRÈS ★★★★
171, rue Fraser
(418) 862-6927
www.hotellevesque.com

SAINT-GEORGES-DE-CACOUNA

pop. 716

LA VEILLEUSE ★★★ 🌼
320, rte 132 Est
(418) 862-8353

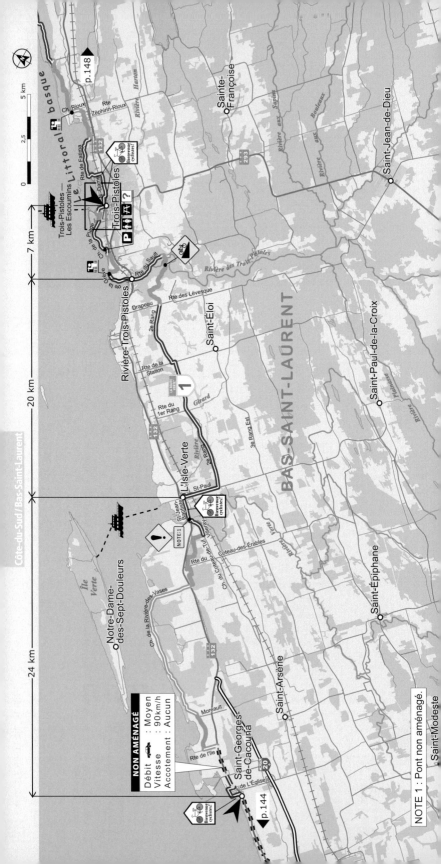

BAS-SAINT-LAURENT

Le Littoral basque

p.148

p.144

Ch. Rioux
Rte Zéphirin-Rioux
Rivière Hatem

Rte de Fatima

132

Bienvenue cyclistes!

Trois-Pistoles —
Les Escoumins
Trois-Pistoles

Ch. de la Prière

Grève
Ch. de la Grève

Rte du Sault

Rivière des Trois-Pistoles

Rte des Lévesque

Rivière-Trois-Pistoles

Drapeau

2e Rang

Saint-Éloi

Rte de la Station

Rte du 1er Rang

Girard

132

2e Rang

Rivière

3e Rang Est

L'Isle-Verte

St-Paul

St-Jean-Baptiste

Bienvenue cyclistes!

NOTE:1

Rte du Coteau
Ch. Coteau-Tuf

Villeroy

Coteau-des-Érables

Rivière Verte

Sainte-Françoise

Rivière aux Sapins

Rivière aux Bouleaux

Saint-Jean-de-Dieu

293

Saint-Paul-de-la-Croix

Rivière

Plainasse

BAS-SAINT-LAURENT

Saint-Épiphane

Île Verte

Notre-Dame-
des-Sept-Douleurs

Ch. de la Rivière-des-Vases

Moreault

Rte de l'Île

Saint-Georges-
de-Cacouna

20

Rte de L'Église

Bienvenue cyclistes!

Saint-Arsène

132

Saint-Modeste

NON AMÉNAGÉ
Débit : Moyen
Vitesse : 90 km/h
Accotement : Aucun

NOTE 1 : Pont non aménagé.

7 km   20 km   24 km

0   2,5   5 km

WILLIAM PHÉNIX

La Route verte passe par...

Le Littoral basque
☏ (418) 851-1481

LA VEILLEUSE
★★★
320, rte 132 Est
(418) 862-8353

Traverse l'Isle-Verte / Notre-Dame-des-Sept-Douleurs
(418) 898-2843

GITE LE MÉTAYER
★★★
413, rte 132 Est
(418) 898-4119
www3.sympatico.ca/lemetayer

Traverse Trois-Pistoles / Les Escoumins
Compagnie de navigation des Basques inc.
1 866 851-4676

Bureau d'information touristique
51, route 132 Ouest

BOUTIQUE DE SPORTS LE BASQUE
83, rue Notre-Dame Est
(418) 851-4636

MOTEL DES FLOTS-BLEUS-SUR-MER
★
41, ch. de la Grève-de-la-Pointe
(418) 851-3583
motelflotsbleus.iquebec.com

CAMPING MUNICIPAL DE TROIS-PISTOLES
★★★★
100, rue du Chanoine-Coté
(418) 851-1377

Trois-Pistoles

RÉGION TOURISTIQUE

Bas-Saint-Laurent
☏ (418) 867-1272
☏ 1 800 563-5268
www.tourismebas-st-laurent.com

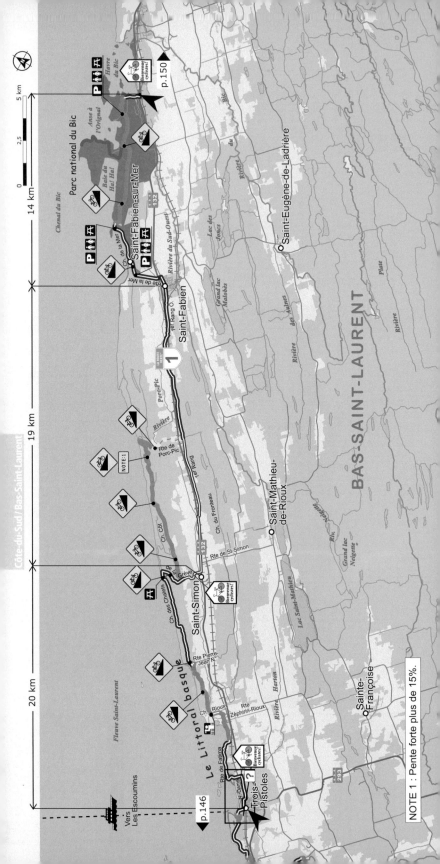

BAS-SAINT-LAURENT

Parc national du Bic

Havre du Bic

p.150

Anse à l'Original

Chenal du Bic

Baie du Ha! Ha!

Saint-Fabien-sur-Mer

Ch. de la Mer

Rivière du Sud-Ouest

Rte de la Mer

Saint-Fabien

1er Rang O.

Saint-Eugène-de-Ladrière

Lac des Joncs

Grand lac Malobès

Porc-Pic

Rivière

Rte de Porc-Pic

NOTE 1

1er Rang

Ch. du Fronteau

Ch. Côt

Rte de St-Simon

Saint-Mathieu-de-Rioux

Rivière des Aulnes

Plate

Rivière

Ch. de P. Grève

Saint-Simon

Ch. des Chalets

Bienvenue cyclistes!

Rte Pierre-Jean N.

Lac Saint-Mathieu

Rivière Harton

Rte Zéphirin-Rioux

Ch. Rioux

Le Littoral basque

Fleuve Saint-Laurent

Grand lac Neigette

Riv.

Sainte-Françoise

Rte de Fatima

Bienvenue cyclistes!

Trois-Pistoles

p.146

Vers Les Escoumins

NOTE 1 : Pente forte plus de 15%.

0 2,5 5 km

14 km

19 km

20 km

La Route verte passe par...

Le Littoral basque
© (418) 851-1481

Parc national du Bic
© 1 800 665-6527
www.sepaq.com

CHEZ CHOINIÈRE
pop. 456

✹✹
71, rue Principale Ouest
(418) 738-2245
www.gitescanada/chezchoiniere

AUX 5 LUCARNES
pop. 2889

✹✹✹
2175, rte 132 Est
(418) 736-5435

pop. 3 601

Traverse Trois-Pistoles / Les Escoumins Compagnie de navigation des Basques inc.
1 866 851-4676

Bureau d'information touristique
51, route 132 Ouest

BOUTIQUE DE SPORTS LE BASQUE
83, rue Notre-Dame Est
(418) 851-4636

MOTEL DES FLOTS-BLEUS-SUR-MER
★
41, ch. de la Grève-de-la-Pointe
(418) 851-3583
motelflotsbleus.iquebec.com

CAMPING MUNICIPAL DE TROIS-PISTOLES
★★★★
100, rue du Chanoine-Coté
(418) 851-1377

RÉGION TOURISTIQUE

Bas-Saint-Laurent
© (418) 867-1272
© 1 800 563-5268
www.tourismebas-st-laurent.com

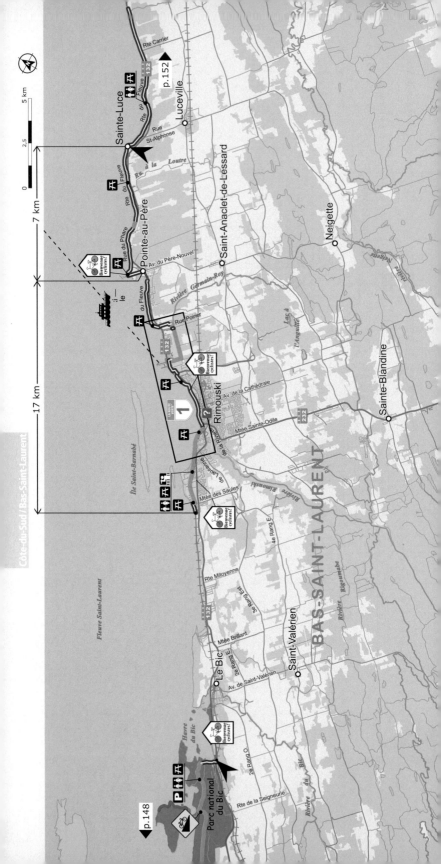

La Route verte passe par...

Parc national du Bic
℡ 1 800 665-6527
www.sepaq.com

Bas-Saint-Laurent
℡ (418) 867-1272
℡ 1 800 563-5268
www.tourismebas-st-laurent.com

Fleuve Saint-Laurent

Richelieu
Poirier
132
Aéroport de Rimouski
1ère Av.
du Quai
Richard
Rimouski–Forestville
Industrielle
Léonidas
132
St-Jean-Baptiste
Rimouski
Cathédrale
Rouleau
Boul St-Germain
Rue la Salle
132
232
Rivière Rimouski
Rue St-Germain

0   0,5   1 km

SPORTS EXPERTS
Carrefour Rimouski 419,
boul. Jessop
(418) 723-6543

CAMPING DE L'ANSE
★
1105, boul. Saint-Germain
(418) 721-0322

HÔTEL RIMOUSKI
★★★★
225, boul. René-Lepage
Est
(418) 725-5000
www.hotelrimouski.com

MOTEL BIENVENUE
★★
1057, rue du Phare
(418) 724-4338

Bureau d'information touristique
50, rue Saint-Germain
Ouest
(418) 723-2322

VÉLO PLEIN AIR
324, rue Cathédrale
(418) 723-0001
www.velopleinair.qc.ca

JMD LA SOURCE DU SPORT
315, ave. de la
Cathédrale
(418) 723-9494

LE BIC

AUX 5 LUCARNES pop. 2 889
★★
★★
2175, rte 132 Est
(418) 736-5435

RIMOUSKI pop. 42 460

Taxi 800 de Rimouski inc. (Les)
(418) 723-3344

Traverse Rimouski / Forestville
1 800 973-2725

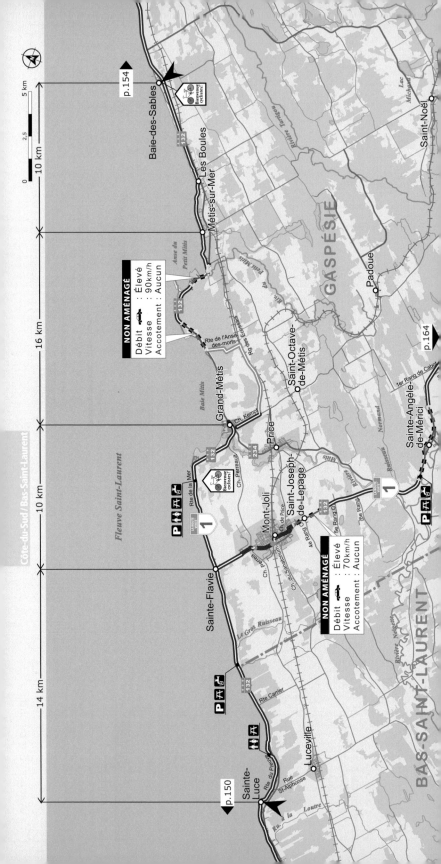

GASPÉSIE

BAS-SAINT-LAURENT

Fleuve Saint-Laurent

Baie-des-Sables

Les Boules

Métis-sur-Mer

Grand-Métis

Saint-Octave-
de-Métis

Price

Mont-Joli

Saint-Joseph-
de-Lepage

Sainte-Flavie

Sainte-
Luce

Luceville

Saint-Noël

Padoue

Sainte-Angèle-
de-Mérici

NON AMÉNAGÉ
Débit : Élevé
Vitesse : 90km/h
Accotement : Aucun

NON AMÉNAGÉ
Débit : Élevé
Vitesse : 70km/h
Accotement : Aucun

p.154

p.164

p.150

Lac
Michaud

Baie Mitis

Anse du
Petit Mitis

Rivière Tartigou

Rivière du Petit Mitis

Rivière Mitis

Rivière Neigette

Le Gros Ruisseau

Rte de la Mer

Ch. Perreault

Ch. Kempt

Rte de l'Anse-
des-morts

Rg des Écossais

Rte des Pères

Ch. de Price

Ch. du Sanatorium

4e Rang

5e Rang O.

5e Rang

6e Rang O.

1er Rang de Cabot

Rte Carrier

Rue
St-Alphonse

Rue

Rte de la Loutre

Normand

Neilson

0   2,5   5 km
10 km

16 km

10 km

14 km

SAINTE-FLAVIE
pop. 922

📱 ❓ **Bureau d'information touristique**
357, route de la Mer
1-800-463-0323
357, route de la Mer
(418) 775-2223

GÎTE À LA CHUTE
Gîte du Passant certifié
✹ ✹ ✹ ✹
✹
571, rte de la Mer
(418) 775-9432
www.gitealachute.ca

GÎTE DU VIEUX QUAI
Gîte du Passant certifié
✹ ✹ ✹
457, rte de la Mer
(418) 775-9111
www.gites-classifies.qc.ca/
vieuxquai.htm

MOTEL LE GASPÉSIANA
★ ★ ★
460, rte de la Mer
(418) 775-7233
www.gaspesiana.com

MONT-JOLI
pop. 6 576

🏆 📱 🚗 **Taxi Mont-Joli**
(418) 775-4343

🚲 **PRO-SPORTS MONT-JOLI INC.**
1530, rue Lindsay
(418) 775-8288

BAIE-DES-SABLES
pop. 656

LE VACANCIER DE LA MER MOTEL-CABINES
★
224, rte 132
(418) 772-6535

RÉGIONS TOURISTIQUES

Bas-Saint-Laurent
☎ (418) 867-1272
☎ 1 800 563-5268
www.tourismebas-st-laurent.com

Gaspésie
☎ (418) 775-2223
☎ 1 800 463-0323
www.tourisme-gaspesie.com

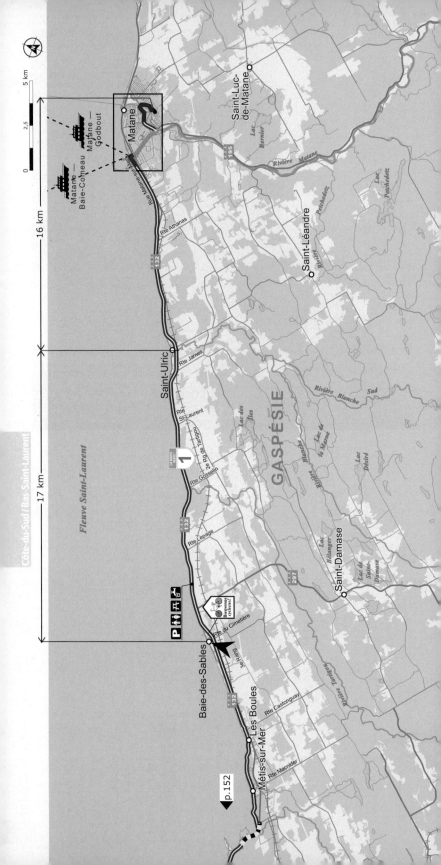

Matane

Matane — Godbout

Matane — Baie-Comeau

16 km

17 km

0   2,5   5 km

Saint-Luc-de-Matane

Lac Bernier

195

Rivière Matane

Lac Pachedett

Saint-Léandre

Rivière Blanche Sud

Rte Athanas

132

Saint-Ulric

Rte James

Rte St-Laurent

1

2e Rg de Tartigou

Rte Gosselin

GASPÉSIE

Lac des Îles

Rivière Blanche

Lac de la Mazne

Lac Désiré

Fleuve Saint-Laurent

Rte Lepage

132

297

Saint-Damase

Lac Bélanger

Lac de Saint-Damase

Rte du Cimetière

Bienvenue cyclistes!

Baie-des-Sables

3e Rang

Rte Castonguay

Les Boules

132

Métis-sur-Mer

Rte Macnider

Rivière Tartigou

p.152

BAIE-DES-SABLES

pop. 656

LE VACANCIER
DE LA MER
MOTEL-CABINES
★
224, rte 132
(418) 772-6535

MATANE

pop. 14862

Taxi 500 enr.
(418) 562-0500

Traverse Matane /
Godbout
Société des traversiers
du Québec
1-877-787-7483

Traverse Matane /
Baie-Comeau
Société des traversiers
du Québec
1-877-787-7483

INTERSPORT
Promenade St-Laurent
595, Du Phare Est
(418) 562-1022

Fleuve Saint-Laurent

Matane

Matane —
Baie-Comeau

Matane —
Godbout

du Phare

St-Rédempteur

Damours

Lamarche

Père

Av. Desjardins

Boul. Dion

Saint-Jérôme

Dunant

Henri-

du Parc-Industriel

Rue du Port

Rue Savard

De Matane-Sur-Mer

Rivière Matane

Rue Grand-Détour

132

195

0   0,5   1 km

RÉGION TOURISTIQUE

Gaspésie
(418) 775-2223
1 800 463-0323
www.tourisme-gaspesie.com

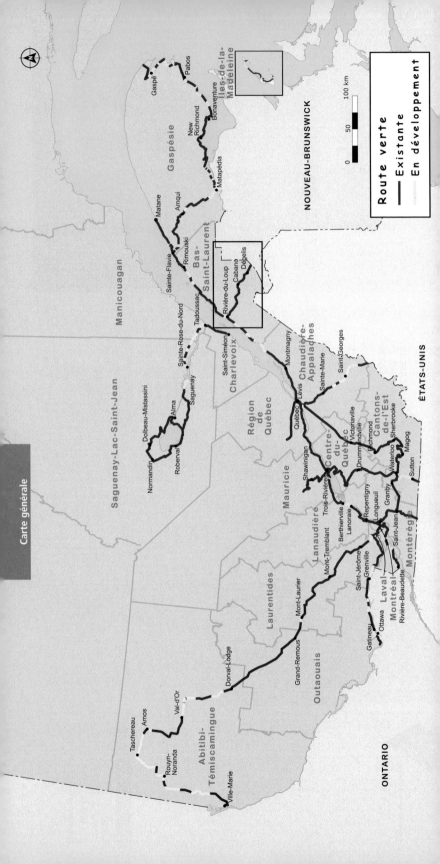

Carte générale

Route verte
— Existante
— En développement

0   50   100 km

NOUVEAU-BRUNSWICK

ÉTATS-UNIS

ONTARIO

Îles-de-la-Madeleine

Gaspésie

Gaspé
Pabos
Bonaventure
New Richmond
Matapédia
Amqui
Matane
Sainte-Flavie
Rimouski
Sainte-Rose-du-Nord
Tadoussac
Rivière-du-Loup
Cabano
Dégelis
Bas-Saint-Laurent

Manicouagan

Saguenay-Lac-Saint-Jean

Dolbeau-Mistassini
Alma
Saguenay
Normandin
Roberval

Saint-Siméon
Saint-Georges
Montmagny
Sainte-Marie
Charlevoix
Région de Québec

Chaudière-Appalaches

Québec
Lévis
Victoriaville
Richmond
Sherbrooke
Magog
Sutton
Waterloo
Granby
Saint-Jean
Drummondville
Cantons-de-l'Est

Shawinigan
Trois-Rivières
Centre-du-Québec

Mauricie

Lanaudière

Mont-Tremblant
Berthierville
Lanoraie
Repentigny
Longueuil
Laurentides

Saint-Jérôme
Grenville
Laval
Montréal
Rivière-Beaudette

Grand-Remous
Mont-Laurier
Dorval-Lodge
Gatineau
Ottawa
Outaouais

Val-d'Or
Amos
Taschereau
Rouyn-Noranda
Ville-Marie
Abitibi-Témiscamingue

Montérégie

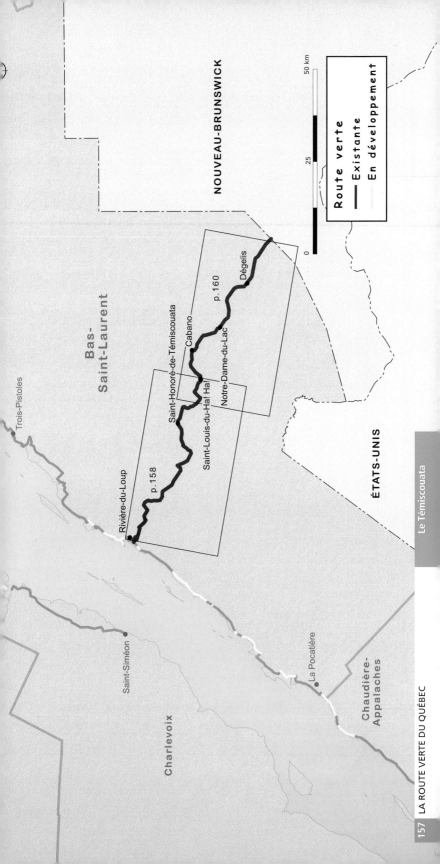

NOUVEAU-BRUNSWICK

Bas-
Saint-Laurent

Trois-Pistoles

Dégelis

p. 160

Cabano

Saint-Honoré-de-Témiscouata

Notre-Dame-du-Lac

Saint-Louis-du-Ha! Ha!

Rivière-du-Loup

p. 158

Saint-Siméon

Charlevoix

ÉTATS-UNIS

La Pocatière

Chaudière-
Appalaches

Route verte
Existante
En développement

0   25   50 km

Le Témiscouata

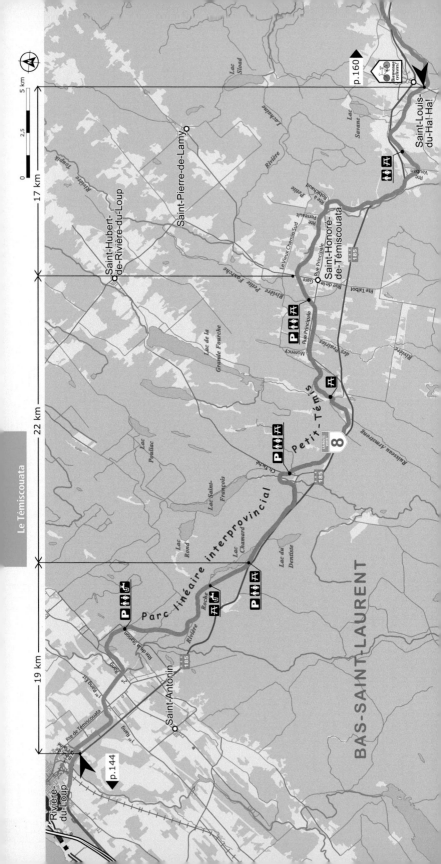

p.160

p.144

Le Témiscouata

Saint-Louis-du-Ha! Ha!

Saint-Honoré-de-Témiscouata

Saint-Pierre-de-Lamy

Saint-Hubert-de-Rivière-du-Loup

Saint-Antonin

Rivière-du-Loup

Parc linéaire interprovincial

Petit-Témis

BAS-SAINT-LAURENT

17 km

22 km

19 km

8

0   2,5   5 km

La Route verte passe par...

Parc linéaire interprovincial Petit-Témis

☎ (418) 868-1869 de Rivière-du-Loup à Cabano

RÉGION TOURISTIQUE

Bas-Saint-Laurent
☎ (418) 867-1272
☎ 1 800 563-5268
www.tourismebas-st-laurent.com

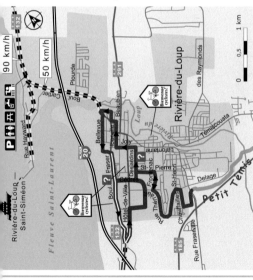

RIVIÈRE-DU-LOUP

pop. 18 374

Taxi Capitol 3000
(418) 862-6333

Traverse Rivière-du-Loup / Saint-Siméon
Société des traversiers du Québec
(418) 862-5094

Bureau d'information touristique
148, rue Fraser
1 800 563-5268
189, boulevard Hôtel-de-ville
(418) 862-1981

SPORTS EXPERTS RIVIÈRE-DU-LOUP
298, boul. Thériault
(418) 862-7594
www.sportsexperts.ca/defaut.aspx

MARMEN ET FRÈRES SPORTS
12, rue Lévis
(418) 862-7284

RIVIÈRE-DU-LOUP (SUITE)

AUBERGE MOTEL LE SÉJOUR
★★
150, boul. de l'Hôtel-de-Ville
(418) 862-9524

GÎTE DE LA CHUTE
★★
4, rue Frontenac
(418) 862-7512
http://pages.videotron.com/giterdl

HÔTEL LEVESQUE CENTRE DE CONGRÈS
★★★★
171, rue Fraser
(418) 862-6927
www.hotellevesque.com

SAINT-LOUIS-DU-HA! HA!

pop. 1 435

GÎTE AU BEAU-SÉJOUR
Gîte du Passant certifié
★★★
145, rang Beauséjour
(418) 854-0559
www.gitebeausejour.com

GÎTE LA VOÛTE ÉTOILÉE
★★★
158, rue Raymond
(418) 854-6464
www.gitelavouteetoilee.ca

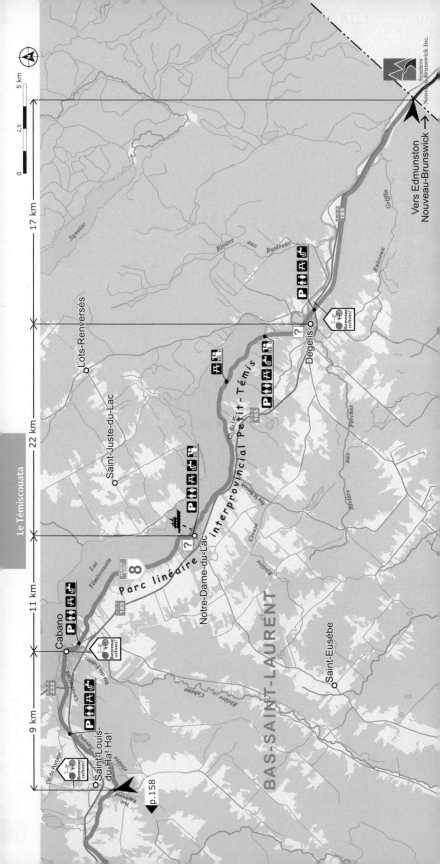

BAS-SAINT-LAURENT

Parc linéaire interprovincial Petit-Témis

Notre-Dame-du-Lac

Vers Edmunston
Nouveau-Brunswick

Saint-Louis-
du-Ha! Ha!

Cabano

Saint-Juste-du-Lac

Lots-Renversés

Saint-Eusèbe

Dégelis

Lac
Témiscouata

p.158

9 km

11 km

22 km

17 km

0   2,5   5 km

Sentiers Nouveau-Brunswick Inc.

F. SAIA

La Route verte passe par...

Parc linéaire interprovincial
Petit-Témis
℗ (418) 583-3593 de
Cabano à la frontière

SAINT-LOUIS-DU-HA! HA!
pop. 1 435

GÎTE AU BEAU-SÉJOUR
Gîte du Passant certifié
★ ★ ★
145, rang Beauséjour
(418) 854-0559
www.gitebeausejour.com

GÎTE LA VOÛTE ÉTOILÉE
★ ★ ★
158, rue Raymond
(418) 854-6464
www.gitelavouteetoilee.ca

CABANO
pop. 3 237

J.A. ST-PIERRE & FILS
43, rue Commerciale
(418) 854 2100
www.sportsexcellence.ca

AUBERGE ST-MATHIAS
70, rue Commerciale
(418) 854-5473
www.aubergelesaintmathias.com

GÎTE DE GRAND MÔMENT
★ ★ ★
19, rue Caldwell
(418) 854-0274

RÉGIONS TOURISTIQUES

Bas-Saint-Laurent
℗ (418) 867-1272
℗ 1 800 563-5268
www.tourismebas-st-laurent.com

Nouveau Brunswick
℗ 1 800 561-0123
www.tourismnewbrunswiccck.ca

NOTRE-DAME-DU-LAC
pop. 2 124

Traverse du Lac Témiscouata
Corporation du Lac Témiscouata
(418) 899-6993

Bureau d'information touristique
870, rue Commerciale

DÉGELIS
pop. 3 278

Bureau d'information touristique
Route 185 (accès par la route 2)

LE COIN DU SPORT
343, avenue Principale
(418) 853 2000

LA BELLE MAISON BLANCHE
Gîte du Passant certifié
★ ★ ★
513, av. Principale
(418) 853-3324
www.labellemaisonblanche.com

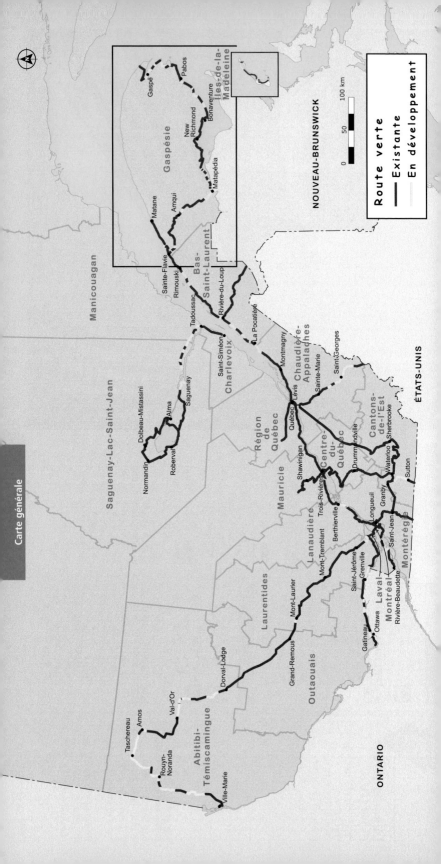

Carte générale

Route verte
— Existante
  En développement

0   50   100 km

NOUVEAU-BRUNSWICK

ÉTATS-UNIS

ONTARIO

Manicouagan

Saguenay–Lac-Saint-Jean

Abitibi-Témiscamingue

Outaouais

Laurentides

Lanaudière

Mauricie

Région de Québec

Charlevoix

Bas-Saint-Laurent

Gaspésie

Îles-de-la-Madeleine

Centre-du-Québec

Cantons-de-l'Est

Chaudière-Appalaches

Montérégie

Montréal

Laval

Gaspé

Pabos

Bonaventure

New Richmond

Matapédia

Amqui

Matane

Sainte-Flavie

Rimouski

Tadoussac

Rivière-du-Loup

Saint-Siméon

La Pocatière

Montmagny

Lévis

Québec

Sainte-Marie

Saint-Georges

Drummondville

Sherbrooke

Waterloo

Granby

Sutton

Saint-Jean

Longueuil

Berthierville

Trois-Rivières

Shawinigan

Mont-Tremblant

Saint-Jérôme

Grenville

Rivière-Beaudette

Ottawa

Gatineau

Grand-Remous

Dorval-Lodge

Val-d'Or

Amos

Taschereau

Rouyn-Noranda

Ville-Marie

Normandin

Dolbeau-Mistassini

Roberval

Alma

Saguenay

Mont-Laurier

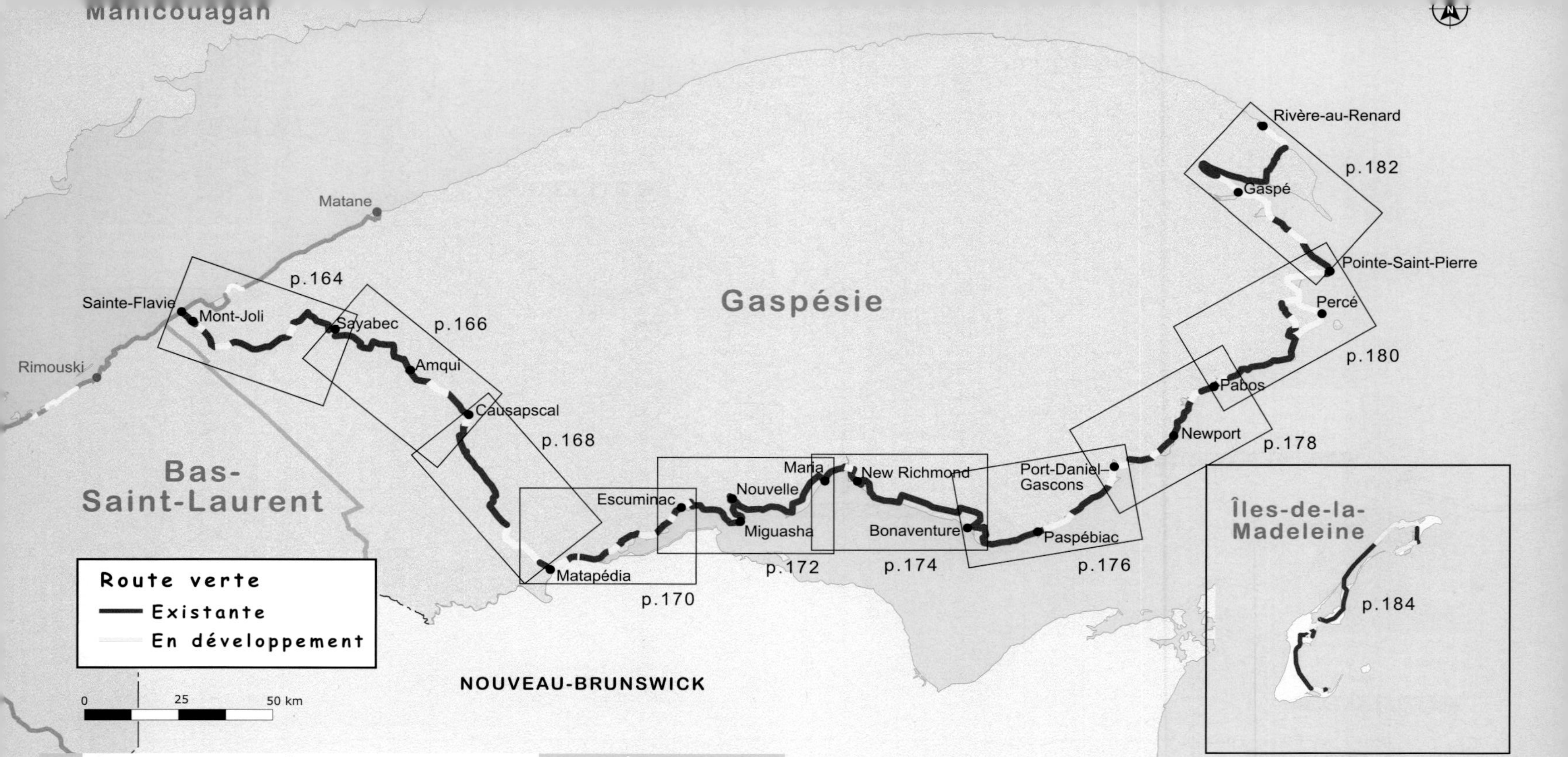

Manicouagan

Rivière-au-Renard
p. 182
Pointe-Saint-Pierre
Gaspé
Percé
p. 180
Fabos
p. 178
Newport
Port-Daniel-Gascons
Paspébiac
p. 176
New Richmond
Bonaventure
p. 174
Maria
Nouvelle
Miguasha
p. 172
Escuminac
Matapédia
p. 170
Causapscal
p. 168
Amqui
p. 166
Sayabec
Mont-Joli
p. 164
Sainte-Flavie

Gaspésie

Îles-de-la-Madeleine
p. 184

Matane

Rimouski

Bas-Saint-Laurent

NOUVEAU-BRUNSWICK

Route verte
— Existante
  En développement

0   25   50 km

Gaspésie / Îles-de-la-Madeleine

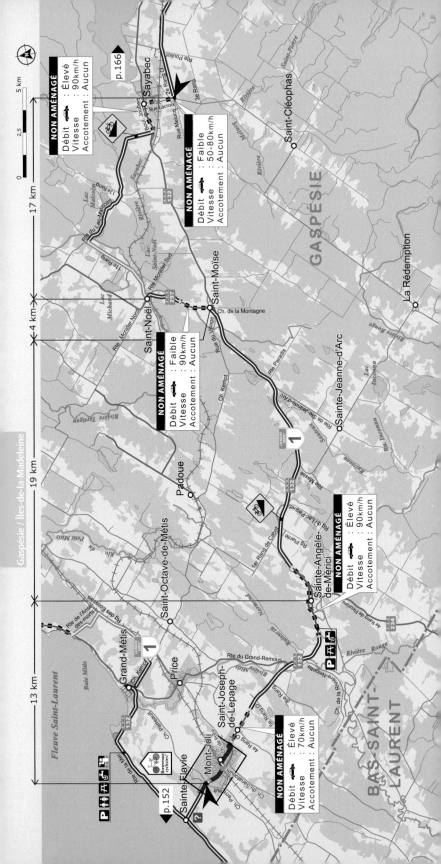

Gaspésie / Îles-de-la-Madeleine

NON AMÉNAGÉ
Débit : Élevé
Vitesse : 90km/h
Accotement : Aucun

p.166

Sayabec

Rue Lacroix

NON AMÉNAGÉ
Débit : Faible
Vitesse : 50-80km/h
Accotement : Aucun

Saint-Cléophas

GASPÉSIE

Saint-Moïse

La Rédemption

Ch. de la Montagne

Saint-Noël

NON AMÉNAGÉ
Débit : Faible
Vitesse : 90km/h
Accotement : Aucun

Sainte-Jeanne-d'Arc

Padoue

Saint-Octave-de-Métis

Sainte-Angèle-de-Mérici

NON AMÉNAGÉ
Débit : Élevé
Vitesse : 90km/h
Accotement : Aucun

Grand-Métis

Price

Saint-Joseph-de-Lepage

Fleuve Saint-Laurent

Baie Mitis

Sainte-Flavie

p.152

Mont-Joli

NON AMÉNAGÉ
Débit : Élevé
Vitesse : 70km/h
Accotement : Aucun

BAS-SAINT-
LAURENT

17 km   4 km   19 km   13 km

0   2,5   5 km

La Route verte™

Mont-Joli

Ch. Perreault

Ch. Pereault

Rte Jacques-Cartier | Lindsay

Rue Poirier

Ross

Boul. Gaboury

Ch. du Sanatorium

Rioux

des

Fusiliers

Ch. de Price

4e Rang O.

132

0   0,5   1 km

SAINTE-FLAVIE

pop. 922

Bureau d'information touristique
357, route de la Mer
1 800 463-0323
357, route de la Mer
(418) 775-2223

GÎTE À LA CHUTE
Gîte du Passant certifié
★★★★
571, rte de la Mer
(418) 775-9432
www.gitealachute.ca

GÎTE DU VIEUX QUAI
Gîte du Passant certifié
★★★
457, rte de la Mer
(418) 775-9111
www.gites-classifies.qc.ca/
vieuxquai.htm

MOTEL LE GASPÉSIANA
★★★
460, rte de la Mer
(418) 775-7233
www.gaspesiana.com

MONT-JOLI

pop. 6 576

Taxi Mont-Joli
(418) 775-4343

**PRO-SPORTS
MONT-JOLI INC.**
1530, rue Lindsay
(418) 775-8288

SAYABEC

pop. 1932

RÉGIONS TOURISTIQUES

Gaspésie
(418) 775-2223
1 800 463-0323
www.tourisme-gaspesie.com

Bas-Saint-Laurent
(418) 867-1272
1 800 563-5268
www.tourismebas-st-laurent.com

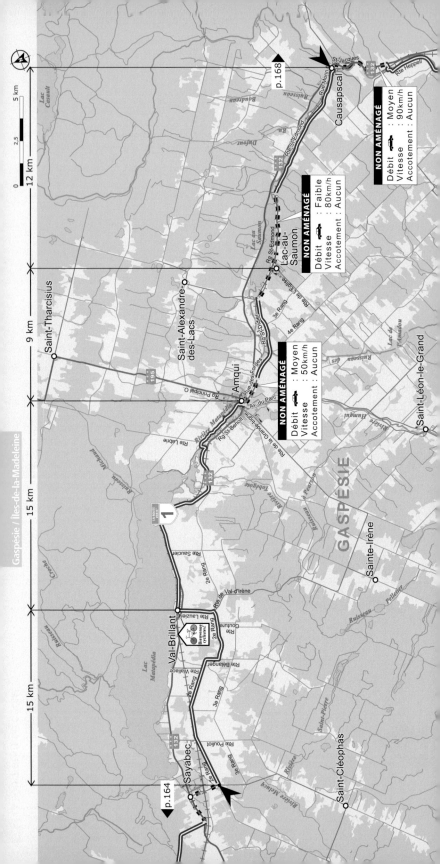

NON AMÉNAGÉ

Débit	: Moyen
Vitesse	: 90km/h
Accotement	: Aucun

NON AMÉNAGÉ

Débit	: Faible
Vitesse	: 80km/h
Accotement	: Aucun

NON AMÉNAGÉ

Débit	: Moyen
Vitesse	: 50km/h
Accotement	: Aucun

St-Jacques

Causapscal

p. 168

Lac-au-Saumon

Saint-Léon-le-Grand

Saint-Tharcisius

Saint-Alexandre-des-Lacs

Amqui

GASPÉSIE

Sainte-Irène

Val-Brillant

Bienvenue cycliste !

Sayabec

Saint-Cléophas

p. 164

5 km
2,5
0
12 km
9 km
15 km
15 km

1

Lac Casault

Lac Matapédia

F. SAIA

Gaspésie / Îles-de-la-Madeleine

La Route verte™

RÉGION TOURISTIQUE

Gaspésie
℘ (418) 775-2223
℘ 1 800 463-0323
www.tourisme-gaspesie.com

SAYABEC
pop. 1932

VAL-BRILLANT
pop. 999

**CAMPING
BOIS ET BERGES**
★★★
8, rue des Cèdres
(418) 742-3300

MANOIR RIOUX
328, 2ᵉ Rang Est
(418) 742-3430
www.multimania.com/
gitemanoirrioux

AMQUI
pop. 6395

  Taxi Cartier
(418) 629-3480

CAUSAPSCAL
pop. 2545

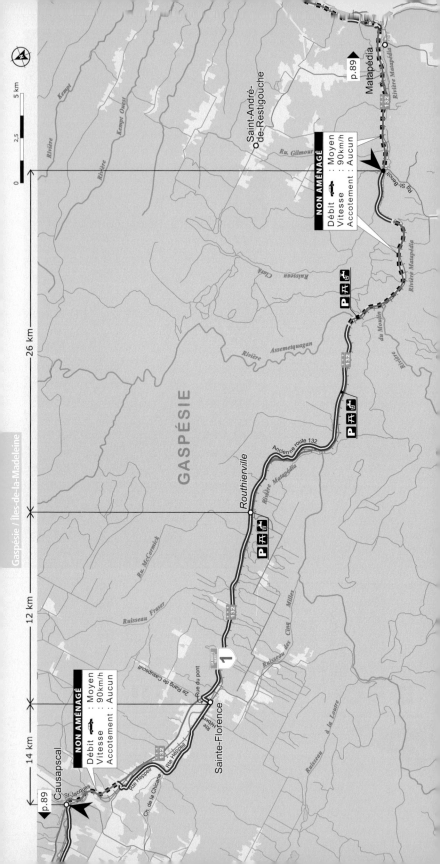

GASPÉSIE

p.89

p.89

5 km
2,5
0

26 km
12 km
14 km

Causapscal

St-Jacques

Rte Heppell
Ch. de la Chicane
Rte Heppell
2e Rang de Caspedcuil
Rte Hébert
Rue du pont

Sainte-Florence

NON AMÉNAGÉ
Débit : Moyen
Vitesse : 90 km/h
Accotement : Aucun

Routhierville

Ancienne route 132

Rivière Matapédia

Ruisseau des Cinq Milles

Ruisseau à la Loutre

Ruisseau Fraser

Ru. McCormick

Ruisseau Clark

Rivière Assemetquagan

Rivière Matapédia

Rivière da Moulin

Rivière Matapédia

Saint-André-de-Restigouche

Ru. Gilmour

Rg St-Benoît

NON AMÉNAGÉ
Débit : Moyen
Vitesse : 90 km/h
Accotement : Aucun

Matapédia

Rivière Kempt

Rivière

Rivière Kempt Ouest

Gaspésie / Îles-de-la-Madeleine

CAUSAPSCAL

pop. 2545

MATAPÉDIA

pop. 737

POURVOIRIE MOTEL RESTIGOUCHE
★★★
5, rue des Saumons
(418) 865-2155
www.matapedia.com

RÉGION TOURISTIQUE

Gaspésie
☎ (418) 775-2223
☎ 1 800 463-0323
www.tourisme-gaspesie.com

169 LA ROUTE VERTE DU QUÉBEC

NOUVEAU-BRUNSWICK

GASPÉSIE

Balmoral

Escuminac

Ch. Glenn

Baie d'Escuminac

p.172

Pointe-à-la-Garde

Ch. St-Antoine

Ch. de la Tour

Rte Green

Oak Bay

NON AMÉNAGÉ
Débit : Moyen
Vitesse : 90km/h
Accotement : Aucun

Rue des Meuniers

Rivière du Loup

Pointe-à-la-Croix

Campbellton

Boul. Interprovincial

Bureau
croisières

Listuguj

Atholville

Tide Head

NON AMÉNAGÉ
Débit : Moyen
Vitesse : 70km/h
Accotement : Aucun

L'Alverne

Kempt Est

Rivière

Ch. Kempt

Kempt

Rivière

Kempt Ouest

Rivière du Moulin

Ruisseau Fraser

Ruisseau Moffet

Ch. Pelletier

Ch. McDavid

Matapédia

Bureau
croisières

Rte Lagacé

Saint-André-
de-Restigouche

Rivière Gilmour

Rte Gilmour

NON AMÉNAGÉ
Débit : Moyen
Vitesse : 90km/h
Accotement : Aucun

p.168

st-Benoît

5 km
2,5
0
6 km
9 km
27 km
4 km

F. SAIA

MATAPÉDIA
pop. 737

POURVOIRIE MOTEL RESTIGOUCHE
★★★
5, rue des Saumons
(418) 865-2155
www.matapedia.com

POINTE-À-LA-CROIX
pop. 1 559

Taxi du Haut Richelieu
(450) 346-6666

Bureau d'information touristique
2000, boulevard Inter-Provincial

CAMPING LA MAISON VERTE DU PARC GASPÉSIEN
★★
79, rue des Méandres
(418) 788-2342
www.campingquebec.com/lamaisonverte

GÎTE LA MAISON VERTE DU PARC GASPÉSIEN
★★★
216, ch. de la Petite-Rivière-du-Loup
(418) 788-2342
www.gitesclassifies.qc.ca/maivert.htm

La Route verte

RÉGION TOURISTIQUE

Gaspésie
(418) 775-2223
1 800 463-0323
www.tourisme-gaspesie.com

Gaspésie / Îles-de-la-Madeleine

171 LA ROUTE VERTE DU QUÉBEC

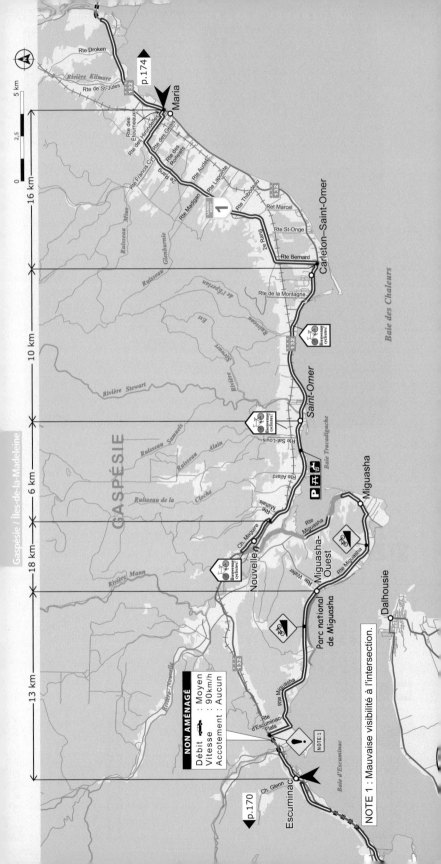

Gaspésie / Îles-de-la-Madeleine

GASPÉSIE

Baie des Chaleurs

NON AMÉNAGÉ
Débit : Moyen
Vitesse : 90km/h
Accotement : Aucun

NOTE 1 : Mauvaise visibilité à l'intersection.

F. SAIA

Gaspésie / Îles-de-la-Madeleine

La Route verte

La Route verte passe par…

Parc national de Miguasha
☎ 1 800 665-6527
www.sepaq.com

NOUVELLE

pop. 1 949

GÎTE À L'ABRI DU CLOCHER
Gîte du Passant certifié
★★★★
★★★★
5, rue de l'Église
(418) 794-2580
www.giteetaubergedupassant.com/
labriduclocher

CARLETON-SAINT-OMER

pop. 4 070

CAMPING AUX FLOTS BLEUS
★
279, rte 132 Ouest
(418) 364-3659
www.campingquebec.com/
auxflotsbleus

HOSTELLERIE BAIE BLEUE
★★★
482, boul. Perron
(418) 364-3355
www.baiebleue.com

RÉGION TOURISTIQUE

Gaspésie
☎ (418) 775-2223
☎ 1 800 463-0323
www.tourisme-gaspesie.com

GASPÉSIE

Baie des Chaleurs

Bonaventure

Saint-Siméon

Caplan

Black Cape

New Richmond

Gesgapegiag

Maria

Saint-Alphonse

NON AMÉNAGÉ

Débit : Élevé
Vitesse : 90km/h
Accotement : Aucun

p.176

p.172

0 2,5 5 km

29 km

16 km

14 km

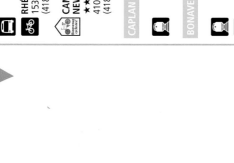

NEW RICHMOND

pop. 3 750

RHÉAL PITRE SPORTS
153, boul. Perron
(418) 392-6230

**CAMPING
NEW-RICHMOND**
★★
410, rte 132 Ouest
(418) 392-6060

CAPLAN

pop. 2 021

BONAVENTURE

pop. 2 842

RÉGION TOURISTIQUE

Gaspésie
(418) 775-2223
1 800 463-0323
www.tourisme-gaspesie.com

Gaspésie / Îles-de-la-Madeleine

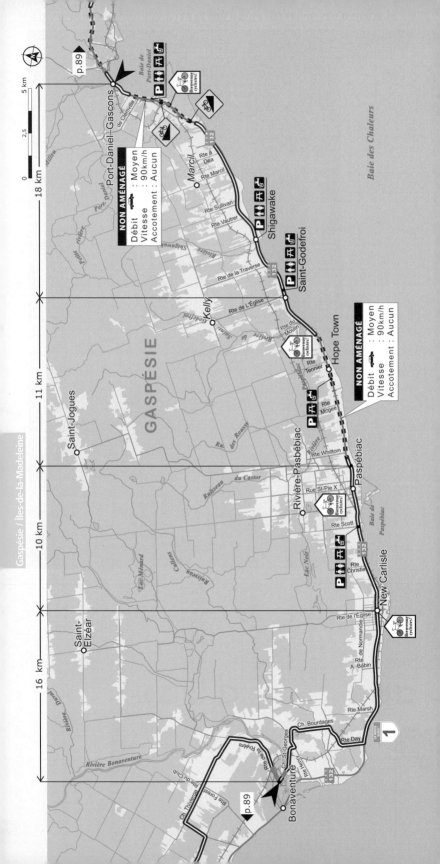

GASPÉSIE

Baie des Chaleurs

p. 89

5 km

2,5

0

18 km

11 km

10 km

16 km

Port-Daniel-Gascons

Marcil
Rte à Dea
Rte Marcil
Rte Sullivan
Rte Vautrer

Shigawake
Rte de la Traverse

Saint-Godefroi
Rte de L'Église

Kelly

Hope Town
Rte du Moulin
Rte Tennier
Rte Mcgee

Rivière-Pasbébiac
Rte Whittom
Rue St-Pie X
Rte Scott

Paspébiac
Baie de Paspébiac

Saint-Jogues

New Carlisle
Rte Christie
Rte de l'Église
Rte de Normandie
Rte A.-Babin
Rte Marsh
Ch. Bourdages
Rte Day

Saint-Elzéar

Bonaventure
Ch.-St-Georges
Rte Henri
Ch. Thivierge
Rivière Bonaventure

p. 89

Baie de Port-Daniel

 Île de Clémville

Rivière Shigawake

Rivière Port-Daniel

Petite rivière

Rivière Milieu

Rivière Duval

Rivière Port-Daniel

Rivière de Paspébiac

Rivière du Castor

Ruisseau du Castor

Lac Noir

Ruisseau Cullens

Rue des Roussy

Rte Forest

Rte de la Rivière

Rte du Club

132

132

132

132

132

1

NON AMÉNAGÉ
Débit : Moyen
Vitesse : 90 km/h
Accotement : Aucun

NON AMÉNAGÉ
Débit : Moyen
Vitesse : 90 km/h
Accotement : Aucun

Bienvenue cyclistes!

Bienvenue cyclistes!

Bienvenue cyclistes!

Bienvenue cyclistes!

PORT-DANIEL-GASCONS
Pop. 2656

GÎTE LE MANOIR DU VIEUX PRESBYTÈRE
★★★★
1, rte de l'Église
(418) 396-5347
www.gitescanada.com/1356.html

BONAVENTURE
pop. 2 842

NEW CARLISLE
pop. 1 430

LE MANOIR HAMILTON
115, boul. Gérard-D.-Lévesque
1 866 542-6498
www.manoirhamilton.com

HOPE TOWN
pop. 330

GÎTE LA CLÉ DES CHAMPS
★★★★
254, rte 132
(418) 752-3113
www.gitelacle.com

RÉGION TOURISTIQUE

Gaspésie
(418) 775-2223
1 800 463-0323
www.tourisme-gaspesie.com

Gaspésie / Îles-de-la-Madeleine

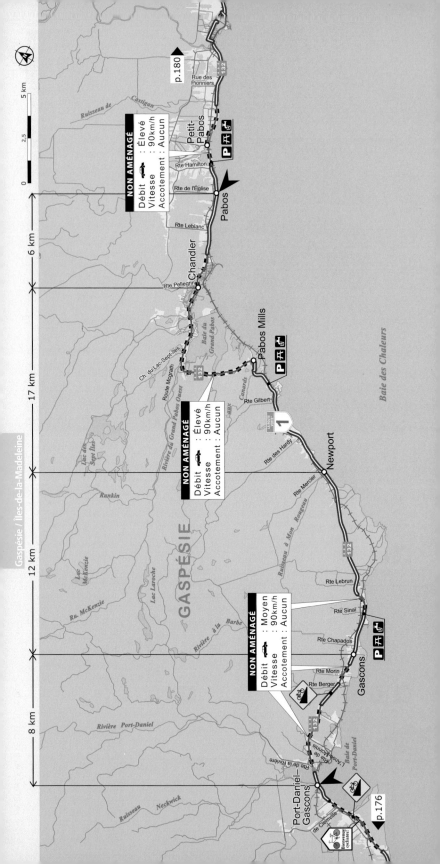

GASPÉSIE

Baie des Chaleurs

p.180

Rue des Pionniers

132

Petit-Pabos

Rte Hamilton

Rte de l'Église

Pabos

Rte Leblanc

NON AMÉNAGÉ
Débit : Élevé
Vitesse : 90km/h
Accotement : Aucun

Chandler

Rte Pellegrin

Baie du Grand Pabos

Ch. du Lac-Sept-Îles

132

Pabos Mills

Rte Gilbert

Canarda

1

Route Mograth

Rivière du Grand Pabos Ouest

Lac des Sept-Îles

Rankin

NON AMÉNAGÉ
Débit : Élevé
Vitesse : 90km/h
Accotement : Aucun

Rte des Hardy

Newport

Rte Mercier

Lac McKenzie

Lac Laroche

Ru. McKenzie

Rivière à la Barbe

Ruisseau à Mon Rousseau

132

Rte Lebrun

Rte Sinaï

Rte Chapados

NON AMÉNAGÉ
Débit : Moyen
Vitesse : 90km/h
Accotement : Aucun

Rte Morin

Rte Berger

Gascons

132

Rivière Port-Daniel

Baie de Port-Daniel

L'Anse McInnis

Rte de la Rivière

Rte de Clémville

Port-Daniel–Gascons

Bienvenue cyclistes!

p.176

Neckwick

Ruisseau

Ruisseau de Castigan

6 km

17 km

12 km

8 km

0   2,5   5 km

F. SAÏA

Gaspésie / Îles-de-la-Madeleine

PORT-DANIEL-GASCONS

Pop. 2656

GÎTE LE MANOIR DU VIEUX PRESBYTÈRE ✱✱✱
✱✱✱
1, rte de l'Église
(418) 396-5347
www.gitescanada.com/1356.html

CHANDLER

pop. 8 312

Taxi Mercier
(418) 689-3422

J.M.E. SPORT INC.
493, rue Hôtel-de-Ville
(418) 689 6377

RÉGION TOURISTIQUE

Gaspésie
✆ (418) 775-2223
✆ 1 800 463-0323
www.tourisme-gaspesie.com

179 LA ROUTE VERTE DU QUÉBEC

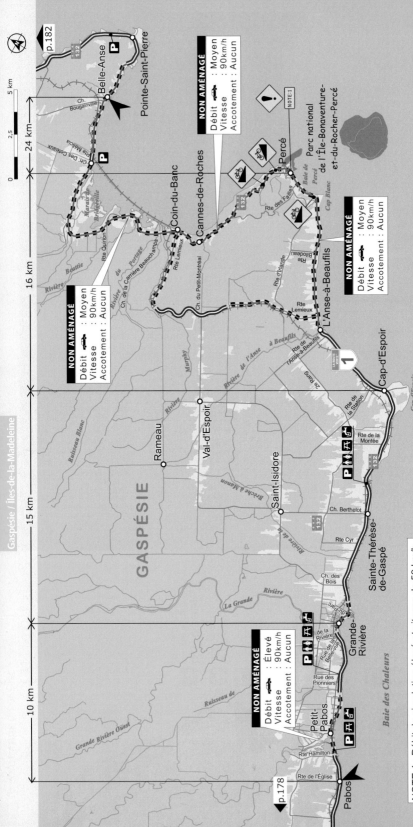

Gaspésie / Îles-de-la-Madeleine

NOTE 1 : Débit de circulation élevé et vitesse de 50 km/h.

NON AMÉNAGÉ
Débit : Moyen
Vitesse : 90km/h
Accotement : Aucun

NON AMÉNAGÉ
Débit : Moyen
Vitesse : 90km/h
Accotement : Aucun

NON AMÉNAGÉ
Débit : Moyen
Vitesse : 90km/h
Accotement : Aucun

NON AMÉNAGÉ
Débit : Élevé
Vitesse : 90km/h
Accotement : Aucun

GASPÉSIE

PERCÉ
pop. 3 550

GRANDE-RIVIÈRE
pop. 3 469

GRANDE-RIVIÈRE SPORTS
97, rue de la Source
(418) 385-2345

La Route verte passe par...

Parc national
de l'île-Bonaventure-
et-du-Rocher-Percé
1 800 665-6527
www.sepaq.com

RÉGION TOURISTIQUE

Gaspésie
(418) 775-2223
1 800 463-0323
www.tourisme-gaspesie.com

Gaspésie / Îles-de-la-Madeleine

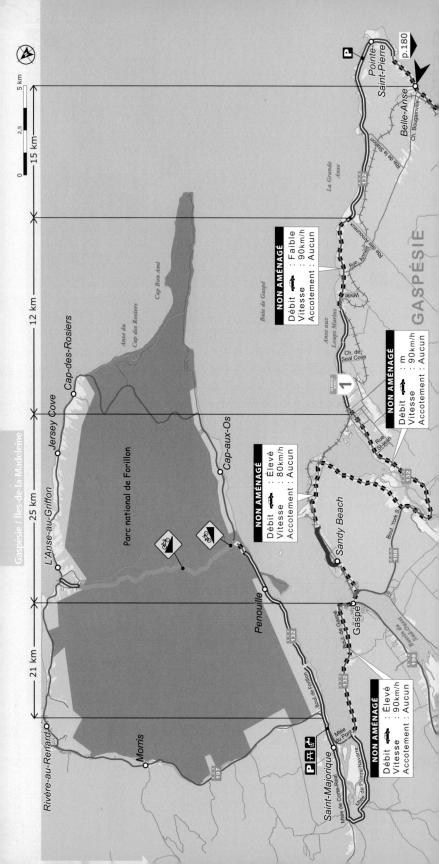

Gaspésie / Îles-de-la-Madeleine

GASPÉ
pop. 14 979

La Route verte passe par...

Parc national du Canada de Forillon
☎ 1 888 773-8888
www.pc.gc.ca

Taxi Dery enr.
(418) 269-3348

INTERSPORT
Carrefour Gaspé 39,
Montée Sandy Beach,
CP 1779
(418) 368-6590

RÉGION TOURISTIQUE

Gaspésie
☎ (418) 775-2223
☎ 1 800 463-0323
www.tourisme-gaspesie.com

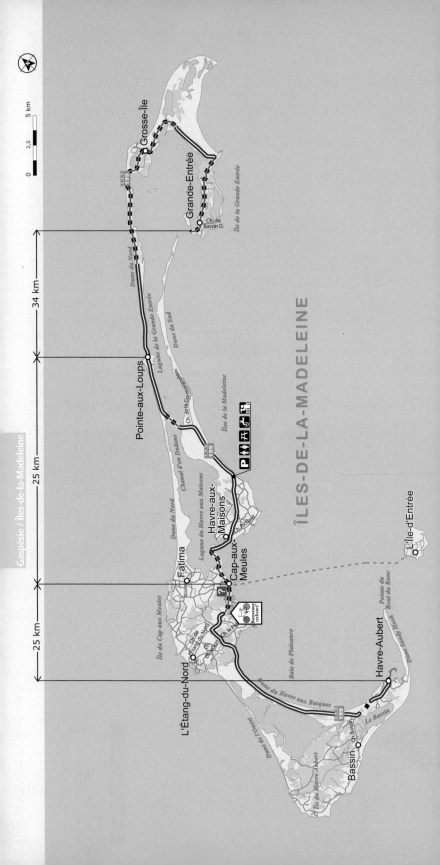

ÎLES-DE-LA-MADELEINE

Grosse-Île

Grande-Entrée

Ch. du
Bassin O.

Île de la Grande Entrée

Dune du Nord

Pointe-aux-Loups

Laguine de la Grande Entrée

Dune du Sud

Ch. de la Consoprétention

Îles de la Madeleine

Chenal d'en Dedans

Havre-aux-Maisons

Laguine du Havre aux Maisons

Dune du Nord

Ch. Richard

Fatima

Cap-aux-Meules

L'Étang-du-Nord

Ch. de
l'Étang du Nord

Ch. de
l'Étang-du-Nord

Ch. le Phare

Bienvenue cyclistes!

Île du Cap aux Meules

Baie de Plaisance

L'Île-d'Entrée

Pointe du
Bout du Banc

Havre-Aubert

Étang du Havre aux Basques

Dune Sandy Hook

Dune de l'Ouest

Bassin

Ch. Bassin

Ch. Bassin

Le Bassin

Île du Havre Aubert

34 km

25 km

25 km

25 km

0   2,5   5 km

Taxi 2000 Enr.
(418) 986-2000

Traverse Île d'Entrée-Cap-aux-Meules Société des traversiers du Québec
(418) 986-8452
Traverse Île-de-la-madeleine / Montréal Coopérative de transport maritime
1 888 986-3279

Bureau d'information touristique
128, chemin Principal
1 877 624-4437

CAMPING PARC DE GROS-CAP
★★
74, ch. du Camping
(418) 986-4505

RÉGION TOURISTIQUE

Îles-de-la-Madeleine
℡ (418) 986-2245
℡ 1 877 624-4437
www.tourismeilesdelamadeleine.com